"新标准"学前教育专业理实一体化教材

学前教育专业保育实习记录本

班　级 _____
姓　名 _____
学　号 _____
实习单位 _____
实习班级 _____

华东师范大学出版社
上海

目 录
MU LU

学生保育实习守则 ———————————————— 1

学生实习成绩评定标准 ———————————————— 2

01

第一学期保育见习计划与记录 ———————————————— 4

第一学期见习记录（一）/ 6

第一学期见习记录（二）/ 8

第一学期见习记录（三）/ 10

第一学期见习报告 / 11

第一学期保育见习鉴定表 / 14

02

第二学期保育实习计划与记录 ———————————————— 16

第二学期实习记录（一）/ 18

第二学期实习记录（二）/ 20

第二学期实习记录（三）/ 21

第二学期实习报告 / 22

第二学期保育实习鉴定表 / 24

03

第三学期保育实习计划与记录 ———————————————— 26

第三学期实习记录（一）/ 28

第三学期实习记录（二）/ 30

第三学期实习记录（三）/ 31

第三学期实习记录（四）/ 33

第三学期实习记录（五）/ 35

第三学期实习报告 / 36

第三学期保育实习鉴定表 / 39

04 第四学期保育实习计划与记录 — 41

  第四学期实习记录（一）/ 43
  第四学期实习记录（二）/ 45
  第四学期实习记录（三）/ 47
  第四学期实习记录（四）/ 48
  第四学期实习记录（五）/ 49
  第四学期实习记录（六）/ 50
  第四学期实习记录（七）/ 52
  第四学期实习记录（八）/ 53
  第四学期实习报告 / 54
  第四学期保育实习鉴定表 / 56

05 第五学期教育见习计划与记录 — 58

  第五学期见习记录（一）/ 60
  第五学期见习记录（二）/ 62
  第五学期见习记录（三）/ 64
  第五学期见习记录（四）/ 65
  第五学期见习记录（五）/ 66
  第五学期见习记录（六）/ 68
  第五学期见习报告 / 69
  第五学期教育见习鉴定表 / 72

06 第六学期保育顶岗实习计划与记录 — 74

  第六学期实习记录（一）/ 76
  第六学期实习记录（二）/ 77
  第六学期实习记录（三）/ 78
  第六学期实习记录（四）/ 79
  第六学期实习记录（五）/ 80
  第六学期实习记录（六）/ 83
  第六学期实习记录（七）/ 85
  第六学期顶岗实习报告 / 87
  第六学期保育顶岗实习鉴定表 / 90

学生保育实习守则

（1）严格遵守托幼园所的规章制度、操作规程、劳动纪律和安全要求。自觉服从实习单位的管理，尊重实习单位的指导老师，听从指导老师的安排，虚心向他们学习。

（2）热爱和尊重幼儿，对待幼儿态度和蔼、语言亲切，不体罚和变相体罚幼儿。

（3）严守纪律，尽心尽责，不怕苦、不怕累、不怕脏；在园期间不串岗、不离岗、不闲聊、不吃零食；不接打私人电话或收发短信，不做任何与实习无关的事。

（4）严守幼儿园工作时间要求，早上准时上班，下午在征得指导老师同意后方可离园。不迟到、不早退、不旷课、不自由活动，原则上不得请事假，因病请假须有医生证明，并向班主任及指导老师请假，无故缺席作旷课论处，且实习成绩作不合格处理。

（5）以身作则、为人师表、仪表整洁，着工作服，穿轻便鞋；不披发、不烫发、不染发、不剪怪异发型；不化妆、不戴首饰、不染指甲，指甲长度不超过指尖1毫米；举止文明、待人礼貌、行为规范、谈吐文雅、不说脏话。

（6）严格遵守幼儿园操作规范，虚心好学，细观察，多请教，善思考，勤记勤干；写好实习记录。

（7）同学之间要加强团结，互帮互助，不搞分裂，不闹矛盾。

（8）严守交通规则，注意途中安全；保管好自己的财物，不与陌生人搭讪，不在路上闲逛，早上离家后直接进园，下午离园后直接回家。

学生实习成绩评定标准

实习考评包括职业道德与行为规范、保育工作实践两个方面,考评成绩分为优秀、良好、合格和不合格四个等级。考评由本人、同学、指导老师和带队老师共同评价。

(1) 优秀。成绩在 90—100 分,从不早退、迟到、缺勤,未有其他违反实习纪律的现象。

(2) 良好。成绩在 75—89 分,缺勤时间在半天以内,迟到、早退的次数不超过一次(缺勤能事先请假,迟到或早退是由客观原因造成的),且未有其他违反实习纪律的现象。

(3) 合格。成绩在 60—74 分,缺勤时间不超过总实习时间的 2/5,迟到、早退的次数在两次及两次以下(缺勤能事先请假,迟到或早退是由客观原因造成的),且未有其他违反实习纪律的现象。

(4) 不合格。有下列情况之一者:①成绩在 60 分以下;②有非客观原因造成的迟到或早退现象,或迟到、早退的次数在三次及三次以上;③有未经请假的缺勤情况(旷课),或缺勤时间超过实习总时间的 2/5;④实习期间被处分甚至有违法违纪情况。

一级指标	二级指标	分值	实习评价标准
职业道德与行为规范	考勤	10	遵守实习单位的作息制度,无旷课旷工、迟到、早退和无故请假现象
	工作态度	10	热爱实习工作,实习准备充分,工作积极主动,责任心强,谦虚好学,勤奋上进,不怕苦、不怕脏、不怕累
	组织纪律	10	严格遵守实习单位和学校的各项规章制度,无违法违纪行为,不做一切有碍实习工作的事情
	行为规范	10	仪容仪表符合规范要求,举止仪态文雅,待人礼貌热情,工作规范且有条理
	热爱幼儿	10	尊重和关爱幼儿,树立正确的教育观、儿童观,不歧视幼儿,不体罚或变相体罚幼儿
	尊重老师、家长	10	尊敬老师,自觉服从指导老师及带队老师的安排,不评论老师;热情接待家长,协助老师做好家园沟通工作
保育工作实践	岗位认知	10	明确保育员的工作职责和岗位要求,熟知幼儿一日生活各环节中保育工作的要求和操作规范

(续表)

一级指标	二级指标	分值	实习评价标准
	业务技能	10	能够按照保育工作的规定程序和操作规范,做好幼儿一日生活保育;能够与幼儿有效地进行沟通交流;与同事关系融洽,能采纳别人的合理建议;及时、准确地向家长传递信息及进行沟通交流
	沟通能力	10	具有良好的语言表达能力、社会适应能力、心理承受能力、组织协调能力、人际沟通能力及自我反思能力等
	实习记录	10	实习记录完整、内容详实。实习报告全面、系统,并能运用所学的理论对某些问题加以分析,有一定的独立见解,实习报告总字数不少于1 500字

第一学期保育见习计划与记录

日期：_____

一、基本情况

通过几个月的学习，同学们对幼儿保育工作已有了初步的认识，但对幼儿园保教工作缺少整体感知。通过保育见习，可增加同学们的感性经验，提高对幼儿园保教工作的整体认识，为今后进一步学习专业知识和技能打下基础。

二、见习目标

全面了解幼儿园的性质、任务与要求，了解幼儿园保教人员的岗位职责及素质要求，初步感知幼儿身心发展的特点，学习与幼儿交往的方法；了解保育工作的内容与要求，初步认识保育工作的性质，培养初步的职业感情；做一些力所能及的事，亲身体验保育工作，积累一定的感性经验，为以后的理论学习和从事保育员工作打下基础。

三、见习内容与要求

（1）完整见习幼儿园一日生活，全面了解幼儿园的性质和保教工作的任务与要求，了解幼儿园一日生活各环节保教工作的基本内容和基本形式。

（2）听取幼儿园见习负责老师对幼儿园安全、卫生保健等方面各项规章制度的解读，并通过实践活动，初步理解各项制度，懂得幼儿园安全卫生工作的重要意义。

（3）参观幼儿园室内外环境，熟悉各室的功能，感悟幼儿园环境创设的特点。

（4）调查幼儿园主要工作人员（教师、保健员、保育员、营养员等）的工作职责及素养要求，重点掌握保育员的工作职责、素养要求及与其他岗位之间的相互关系。

（5）做一些力所能及的事，如清洁消毒工作、帮助幼儿料理生活、分发饭菜等。亲身体验保育员工作的职责和素养要求，初步感知初级保育员的基本操作要求，积累一定的感性经验，为以后的专业学习打下基础。

（6）学习观察幼儿的方法，能关注小、中、大班幼儿不同的身心特点。

（7）关注幼儿园保教老师与幼儿和家长沟通的形式与方法。

（8）充分体会认真、负责以及爱心、耐心、细心对于保育工作的重要意义。

四、保育见习流程

本次见习为期5天。

(1) 见习前一周：将见习材料发送至见习园，互通有关信息。

(2) 见习前一天：上午进行校内培训。

(3) 见习第一天：上午7:00，学生到达幼儿园，幼儿园向见习生宣布园规园纪，提出见习要求，并介绍指导老师，学生随即开始见习。

(4) 保育见习安排。

第一天，一日活动见习。全面了解幼儿一日生活各环节的内容与要求（从来园至离园，观摩幼儿一日生活的全部活动内容）；参观幼儿园，学习幼儿园的安全、卫生保健制度（利用幼儿午休时间）；积极与幼儿交往，尽可能多地记住本班幼儿的名字。书写本学期"见习记录"[①]，并交指导老师签字。

第二天，保育见习。完整观摩保育员一日工作的全部内容，配合保育员做好力所能及的保育工作；积极与幼儿交往，尽可能多地记住本班幼儿的名字。书写本学期"见习记录"，并交指导老师签字。

第三天，保育见习。内容与要求同第二天，同时调查幼儿园主要工作人员（教师、保健员、保育员、营养员等）的工作职责及素养要求，重点掌握保育员的工作职责、素养要求及与其他岗位之间的相互关系（利用中午时间）。书写本学期"见习记录"，并交指导老师签字。

第四天至第五天：内容与要求同第三天。第四天晚上完成本学期"见习报告"的书写。第五天与本班幼儿及保教人员进行简单的告别会，上交《学前教育专业保育实习记录本》（以下简称《记录本》），同时幼儿园对见习生进行见习点评，下午见习活动结束。

(5) 见习结束后的第一周：学生完成"见习体会报告"[②]（不少于800字），各班召开以见习为主题的班会，进行见习交流总结。

(6) 见习结束后的第二周：见习单位完成对学生的见习鉴定，并将学生的见习表现及优秀见习生名单发送给学校学前教育专业相关负责人。

(7) 见习结束两周后：专业部召开见习总结表彰会。

[①] 请根据实际情况合理安排时间，在见习期的前三天完成"见习记录"的书写。
[②] "见习体会报告"是指见习结束后，学生自己撰写的心得体会，不在《记录本》中，其内容较为宽泛，可以包括知识技能、人际交往、同伴互助等，用于班级或专业部开展的实习总结交流活动。

第一学期见习记录（一）

见习时间	_____年__月__日—_____年__月__日		
见习幼儿园		见习班级	
见习负责老师		见习指导老师	
见习内容			
见习项目	指导老师的 主要工作内容与方法		对指导老师 工作方法的感悟
来园			
户外体育活动			
饮水			
学习活动			

(续表)

见习项目	指导老师的 主要工作内容与方法	对指导老师 工作方法的感悟
进餐		
睡眠		
游戏活动		
离园		
指导老师签字：		

第一学期见习记录（二）

见习时间	_____年___月___日－_____年___月___日		
见习幼儿园		见习班级	
见习负责老师		见习指导老师	
幼儿园室内环境的清洁、消毒			
活动室名称	清洁方法		消毒方法
教室			
卧室			
盥洗室			
餐厅			

(续表)

活动室名称	清洁方法	消毒方法
阳台		
走廊		
楼梯		
游戏室		
指导老师签字：		

第一学期见习记录（三）

见习时间	_____年___月___日—_____年___月___日		
见习幼儿园		见习班级	
见习负责老师		见习指导老师	
幼儿园室外环境的清洁、消毒			
场地名称	清洁方法		消毒方法
运动场			
洗手台			
菜园或绿地			
沙坑			
指导老师签字：			

第一学期见习报告

实习时间：_____ 实际实习天数：_____

缺勤时间：_____ 缺勤原因：_____

一、学习篇

    1. 你从指导老师身上学到了哪些作为保教人员应具备的人格特质？

    2. 你认为成功的保育老师应具备哪些素养？请说明理由。

    3. 经过与幼儿亲密互动的一周，你认为保教人员应具备哪些基本功才能更好地与幼儿沟通？（列出3—5个）

    4. 你所在年龄班的幼儿有哪些显著特点和常见问题？

    5. 在本次见习的过程中，让你印象最深刻的保育活动是什么？（列出3个）

活动名称及经过	启示

6. 在本次见习的过程中,你觉得本班指导老师最值得学习的三个方面是什么?

二、访问篇

1. 以访问(或聊天)的形式,请实习单位的见习负责老师谈谈其对见习生有哪些期待。

2. 访问保健老师,了解保健老师的岗位职责及素质要求。

3. 访问指导老师或保健老师,了解保育员的岗位职责、素质要求以及生涯发展路径。

4. 访问班级老师,了解幼儿教师的岗位职责及素质要求。

三、心得篇

1. 通过此次见习,你最大的收获是什么?

2. 请写下你对此次见习的自我反思及改进计划。

3. 请写下你的见习心得。

第一学期保育见习鉴定表

班级：_____ 姓名：_____ 学号：_____

幼儿园名称		班级		时间	自　　年　　月　　日 至　　年　　月　　日			
出勤	天	病假	天	事假	天	缺勤	天	迟到早退　　次
实习分数				实习等级				

实习评价

一级指标	二级指标	评价标准	评价等级									
			优秀		良好			合格			不合格	
			10	9	8	7	6	5	4	3	2	1
职业道德与行为规范	考勤	遵守实习单位的作息制度，无旷课旷工、迟到、早退和无故请假现象										
	工作态度	热爱实习工作，实习准备充分，工作积极主动，责任心强，谦虚好学，勤奋上进，不怕苦、不怕脏、不怕累										
	组织纪律	严格遵守实习单位和学校的各项规章制度，无违法违纪行为，不做一切有碍实习工作的事情										
	行为规范	仪容仪表符合规范要求，举止仪态文雅，待人礼貌热情，工作规范且有条理										
	热爱幼儿	尊重和关爱幼儿，树立正确的教育观、儿童观，不歧视幼儿，不体罚或变相体罚幼儿										
	尊重老师、家长	尊敬老师，自觉服从指导老师及带队老师的安排，不评论老师；热情接待家长，协助老师做好家园沟通工作										
保育工作实践	岗位认知	明确保育员的工作职责和岗位要求，熟知幼儿一日生活各环节中保育工作的要求和操作规范										

(续表)

一级指标	二级指标	评价标准	评价等级									
			优秀		良好			合格			不合格	
			10	9	8	7	6	5	4	3	2	1
	业务技能	能够按照保育工作的规定程序和操作规范,做好幼儿一日生活保育;能够与幼儿有效地进行沟通交流;与同事关系融洽,能采纳别人的合理建议;及时、准确地向家长传递信息及进行沟通交流										
	沟通能力	具有良好的语言表达能力、社会适应能力、心理承受能力、组织协调能力、人际沟通能力及自我反思能力等										
	实习记录	实习记录完整、内容详实;实习报告全面、系统,并能运用所学的理论对某些问题加以分析,有一定的独立见解,实习报告总字数不少于1 500字										

幼儿园指导老师签字:

年　　月　　日

幼儿园领导意见:

公章:
年　　月　　日

第二学期保育实习计划与记录

日期：_____

一、基本情况

通过一年的学习和上一次的见习活动，同学们对幼儿园保教工作已有了基本的认知，但感性经验不足。本学期将继续学习专业课程，同时需要通过实习积累实践经验。同学们的职业认知、职业意识、职业情感的培养也需要通过实习得到巩固，对幼儿年龄特点的了解以及与幼儿的有效沟通能力也需要通过多次实习不断提升。

二、实习目标

进一步了解幼儿园工作的性质、任务及要求，进一步感知幼儿身心发展的特点，学习与幼儿沟通的方法；收集"幼儿生活活动保育"课程的相关知识经验，提高对幼儿园保教工作的认识，培养职业感情，为以后的专业学习和从事保育员工作打下良好的基础。

三、实习内容与要求

（1）在指导老师的带领下，进行保育工作的规范操作，基本达到初级保育员的操作水平（仅指"操作层面"）。

（2）掌握进餐、睡眠、盥洗、如厕、来园、离园等生活活动各环节的保育工作要求。

（3）接受实习负责老师关于特殊儿护理的辅导，并在指导老师的指导下，对特殊儿进行特别护理，做好护理记录。

（4）调查小、中、大班幼儿各自的身心发展特点及其保教重点与方法。

（5）细心观察幼儿，尝试解读幼儿的言行并回应他们。

（6）学习保教人员与幼儿交往的方式方法，尤其要注意他们在与幼儿交往时的语言特点，关注"教"的层面的内容。

（7）了解指导老师与家长沟通的基本形式与方法，并尝试配合指导老师做好与家长的沟通工作。

（8）充分体会认真、负责以及爱心、耐心、细心对于工作的重要意义。

四、保育实习流程

本次实习为期5天。

（1）实习前一周：将实习材料发送至实习园，互通有关信息。

(2) 实习前一天：进行实习前培训。

(3) 实习第一天：上午7:00,学生到达幼儿园,幼儿园向实习生宣布园规园纪,提出实习要求,并介绍指导老师,学生随即开始实习。

(4) 保育实习安排。

第一天：观摩保育员一日工作的全部内容,配合保育员做好力所能及的保育工作；积极与幼儿交往,尽可能多地记住本班幼儿的名字。书写本学期"实习记录"[①],并交指导老师签字。

第二天：在指导老师的带领下,做好幼儿一日生活保育工作；掌握进餐、睡眠、盥洗、如厕、来园、离园等生活活动各环节的保育工作要求及操作技能。书写本学期"实习记录",并交指导老师签字。

第三天：内容与要求同第二天。此外还要接受实习负责老师关于特殊儿护理的辅导,并在指导老师的指导下,对特殊儿进行特别护理,做好护理记录。书写本学期"实习记录",并交指导老师签字。

第四天至第五天：第四天晚上完成本学期"实习报告"的书写。第五天,与本班幼儿及保教人员进行简单的告别会,上交《记录本》,同时幼儿园对实习生进行实习点评,实习活动结束。

(5) 实习结束后的第一周：学生完成"实习体会报告"[②](不少于800字),各班召开以实习为主题的班会,进行实习交流总结。

(6) 实习结束后的第二周：幼儿园完成对学生的实习鉴定,并将学生的实习表现及优秀实习生名单发送给学校学前教育专业相关负责人。

(7) 实习结束两周后：专业部召开实习总结表彰会。

[①] 请根据实际情况合理安排时间,在实习期的前三天完成"实习记录"的书写。
[②] 同"见习体会报告"。

第二学期实习记录（一）

实习时间	_____年___月___日—_____年___月___日		
实习幼儿园		实习班级	
实习负责老师		实习指导老师	
实习内容			
实习项目	保育工作规范操作要求		操作小窍门
来园			
户外体育活动			
饮水			
学习活动			

(续表)

实习项目	保育工作规范操作要求	操作小窍门
进餐		
睡眠		
游戏活动		
离园		

指导老师签字：

第二学期实习记录（二）

实习时间	＿＿＿年＿＿月＿＿日—＿＿＿年＿＿月＿＿日		
实习幼儿园		实习班级	
实习负责老师		实习指导老师	
幼儿进餐情况记录			
项目	观察实录		存在问题及改进措施
餐前准备情况			
幼儿用餐情况			
幼儿进餐习惯与能力			
幼儿餐后情况			
体弱儿、肥胖儿的特殊管理			
指导老师签字：			

第二学期实习记录(三)

实习时间	_____年___月___日—_____年___月___日		
实习幼儿园		实习班级	
实习负责老师		实习指导老师	

幼儿午睡情况记录		
项目	观察实录	存在问题及改进措施
睡前安全检查		
幼儿午睡情况		
幼儿生活自理情况		
特殊儿的管理		
午检情况		

指导老师签字:

第二学期实习报告

实习时间：_____　　实际实习天数：_____

缺勤时间：_____　　缺勤原因：_____

一、学习篇

    1. 通过本次实习，你对幼儿园的保育员有了哪些新的认识？

    2. 你认为优秀的毕业生应该具备哪些技能和素养才能胜任保育工作？

    3. 在本次实习的过程中，你印象最深刻的保育活动是什么？（列出 3 个）

活动名称及经过	启示

二、心得篇

1. 通过此次实习,你最大的收获是什么?

2. 请写下你对此次实习的自我反思及改进计划。

3. 请写下你的实习心得。

第二学期保育实习鉴定表

班级：_____ 姓名：_____ 学号：_____

幼儿园名称		班级		时间	自 年 月 日 至 年 月 日		
出勤	天	病假	天	事假	天	缺勤　天	迟到早退　次
实习分数				实习等级			

<table>
<tr><td colspan="9" align="center">实 习 评 价</td></tr>
<tr><td rowspan="2">一级指标</td><td rowspan="2">二级指标</td><td rowspan="2">评价标准</td><td colspan="6" align="center">评价等级</td></tr>
<tr><td colspan="2">优秀</td><td colspan="2">良好</td><td colspan="2">合格</td><td>不合格</td></tr>
<tr><td></td><td></td><td></td><td>10</td><td>9</td><td>8　7</td><td>6　5</td><td>4　3</td><td>2　1</td></tr>
<tr><td rowspan="6">职业道德
与行为规范</td><td>考勤</td><td>遵守实习单位的作息制度，无旷课旷工、迟到、早退和无故请假现象</td><td></td><td></td><td></td><td></td><td></td><td></td></tr>
<tr><td>工作态度</td><td>热爱实习工作，实习准备充分，工作积极主动，责任心强，谦虚好学，勤奋上进，不怕苦、不怕脏、不怕累</td><td></td><td></td><td></td><td></td><td></td><td></td></tr>
<tr><td>组织纪律</td><td>严格遵守实习单位和学校的各项规章制度，无违法违纪行为，不做一切有碍实习工作的事情</td><td></td><td></td><td></td><td></td><td></td><td></td></tr>
<tr><td>行为规范</td><td>仪容仪表符合规范要求，举止仪态文雅，待人礼貌热情，工作规范且有条理</td><td></td><td></td><td></td><td></td><td></td><td></td></tr>
<tr><td>热爱幼儿</td><td>尊重和关爱幼儿，树立正确的教育观、儿童观，不歧视幼儿，不体罚或变相体罚幼儿</td><td></td><td></td><td></td><td></td><td></td><td></td></tr>
<tr><td>尊重老师、
家长</td><td>尊敬老师，自觉服从指导老师及带队老师的安排，不评论老师；热情接待家长，协助老师做好家园沟通工作</td><td></td><td></td><td></td><td></td><td></td><td></td></tr>
<tr><td>保育工作
实践</td><td>岗位认知</td><td>明确保育员的工作职责和岗位要求，熟知幼儿一日生活各环节中保育工作的要求和操作规范</td><td></td><td></td><td></td><td></td><td></td><td></td></tr>
</table>

(续表)

一级指标	二级指标	评价标准	评价等级									
			优秀		良好		合格			不合格	
			10	9	8	7	6	5	4	3	2	1
	业务技能	能够按照保育工作的规定程序和操作规范,做好幼儿一日生活保育;能够与幼儿有效地进行沟通交流;与同事关系融洽,能采纳别人的合理建议;及时、准确地向家长传递信息及进行沟通交流										
	沟通能力	具有良好的语言表达能力、社会适应能力、心理承受能力、组织协调能力、人际沟通能力及自我反思能力等										
	实习记录	实习记录完整、内容详实;实习报告全面、系统,并能运用所学的理论对某些问题加以分析,有一定的独立见解,实习报告总字数不少于1 500字										

幼儿园指导老师签字:

年　　月　　日

幼儿园领导意见:

公章:
年　　月　　日

第三学期保育实习计划与记录

日期：_____

一、基本情况

通过一年的学习和前两次的见习、实习活动，同学们对幼儿园保教工作已有了进一步的认知，但感性经验仍然不足。本学期即将学习的"学前儿童急症救助与突发事件应对"等课程需要通过本次实习积累认知与感性经验。同时，组织好幼儿园新生入园工作是托幼园所保教人员的必备能力，故将第三次实习活动安排在幼儿园开学初。

二、实习目标

掌握幼儿园开学工作的内容与要求，初步学习应对新生不适应幼儿园生活的方法；进一步了解幼儿园工作的要求，感知幼儿的身心发展特点，学习与幼儿沟通的方法；收集"学前儿童急症救助与突发事件应对"等课程的相关知识经验，形成基本认知。

三、实习内容与要求

(1) 了解新生接待工作的内容与要求，配合指导老师做好新生入园接待工作，尝试做好情绪不稳定幼儿的安抚工作。

(2) 在巩固"操作层面"保育技能的基础上，重点学习一日生活各环节中保育员"教"的层面的内容。例如：如何引导幼儿愉快地入园；如何引导幼儿愉快安全地游戏；如何引导幼儿愉快安全地进餐；如何引导幼儿安静地入睡；如何培养幼儿的生活自理能力；如何配合好教师进行教学、游戏活动等。

(3) 在指导老师的提醒下，对特殊儿进行特别护理。

(4) 细心观察幼儿，根据幼儿的言行及时解读并回应幼儿，努力使自己的交往语言符合幼儿的年龄特点。

(5) 观察并学习教师与家长简短沟通的方法。

(6) 调查小、中、大班幼儿的运动要求和各年龄班常见的运动器械；配合指导老师激发幼儿运动的兴趣，护理、参与幼儿运动，关注个别特殊儿，关注幼儿园运动的组织特色。

(7) 对幼儿园最易发生的急症或意外事故进行调查，了解其发生的原因、处理办法及预防措施。如发生幼儿急症或意外伤害事故，能辅助指导老师及时应对。

(8) 充分体会认真、负责以及爱心、耐心、细心对于工作的重要意义。

四、保育实习流程

本次实习的时间是在9月开学初,为期两周。

(1) 实习前一周:将实习材料发送至实习园,互通有关信息。

(2) 实习前一天:进行实习前培训。

(3) 实习第一天:上午7:00,学生到达幼儿园,幼儿园向实习生宣布园规园纪,提出实习要求,并介绍指导老师,学生随即开始实习。

(4) 保育实习安排。

第一天:完整观摩保育员一日工作的全部内容,配合保育员做好力所能及的保育工作;主动与幼儿交往,尽可能多地记住本班幼儿的名字。书写本学期"实习记录"[①],并交指导老师签字。

第二天至第五天:在指导老师的带领下,了解新生接待工作的内容与要求,并配合指导老师做好新生入园接待工作,尝试做好情绪不稳定幼儿的安抚工作。书写本学期"实习记录",并交指导老师签字。

第六天至第八天:在巩固"操作层面"保育技能的基础上,重点学习一日生活各环节中保育员"教"的层面的内容。例如:如何引导新生愉快地入园;如何引导幼儿愉快安全地进餐;如何引导幼儿安静地入睡;如何配合好教师进行教学、游戏活动等。书写本学期"实习记录",并交指导老师签字。

第九天至第十天:第九天晚上完成本学期"实习报告"的书写。第十天,与本班幼儿及保教人员进行简单的告别会,上交《记录本》,同时幼儿园对实习生进行实习点评,实习活动结束。

(5) 实习结束后的第一周:学生完成"实习体会报告"(不少于800字),各班召开以实习为主题的班会,进行实习交流总结。

(6) 实习结束后的第二周:幼儿园完成对学生的实习鉴定,并将学生的实习表现及优秀实习生名单发送给学校学前教育专业相关负责人。

(7) 实习结束两周后:专业部召开实习总结表彰会。

---

① 请根据实际情况合理安排时间,在实习期的前八天完成"实习记录"的书写。

第三学期实习记录（一）

实习时间	年　　月　　日—　　　　年　　月　　日		
实习幼儿园		实习班级	
实习负责老师		实习指导老师	
实习内容			
实习项目	入园新生保育工作内容		对幼儿身心发展的意义
来园			
户外体育活动			
饮水			
学习活动			

（续表）

实习项目	入园新生保育工作内容	对幼儿身心发展的意义
进餐		
睡眠		
游戏活动		
离园		

指导老师签字：

第三学期实习记录（二）

实习时间	_____年___月___日—_____年___月___日		
实习幼儿园		实习班级	
实习负责老师		实习指导老师	
入园新生分离焦虑情况记录			
项目	幼儿情况记录		教师应对策略
生理			
情绪			
其他			
指导老师签字：			

第三学期实习记录（三）

实习时间	_____年___月___日—_____年___月___日		
实习幼儿园		实习班级	
实习负责老师		实习指导老师	
幼儿常见急症的识别与应对			
急症名称	主要症状		应对办法

(续表)

急症名称	主要症状	应对办法

指导老师签字：

备注：同学们可通过访问保健老师来了解幼儿的常见急症，以及其发生的原因和应对措施，并记录下来。

第三学期实习记录(四)

实习时间	_____年___月___日—_____年___月___日		
实习幼儿园		实习班级	
实习负责老师		实习指导老师	
特殊儿护理记录			
特殊儿类型	护理要求		护理小窍门

(续表)

特殊儿类型	护理要求	护理小窍门

指导老师签字：

第三学期实习记录(五)

实习时间	_____年___月___日—_____年___月___日		
实习幼儿园		实习班级	
实习负责老师		实习指导老师	
幼儿户外活动保育记录			

项目	指导老师的 主要工作内容与方法	对指导老师 工作方法的感悟
活动前准备		
活动中的 安全工作		
活动中的 保育工作		
活动后的收整		

指导老师签字:

第三学期实习报告

实习时间：_____　　实际实习天数：_____
缺勤时间：_____　　缺勤原因：_____

一、学习篇

1. 幼儿园的开学工作主要包括哪些？保育员主要需要做好哪些开学工作？

2. 经过与幼儿亲密互动的两周，你认为如何才能赢得幼儿的信任？（列出 3—5 个方面）

3. 你所在年龄班的幼儿有哪些显著特点和常见问题？

4. 在本次实习的过程中，你觉得本班指导老师最值得学习的三个方面是什么？为什么？

5. 在本次实习的过程中,让你印象最深刻的保育活动是什么?(列出3个)

活动名称及经过	启示

二、访问篇

1. 访问实习负责老师,了解幼儿园对本次实习学生有哪些期待。

2. 访问保健老师,了解不同年龄班的运动要求及常见的运动器械。

班级	运动要求	常见运动器械
小班		
中班		
大班		

三、心得篇

    1. 通过此次实习,你最大的收获是什么?

    2. 请写下你对此次实习的自我反思及改进计划。

    3. 请写下你的实习心得。

第三学期保育实习鉴定表

班级：_____　　姓名：_____　　学号：_____

幼儿园名称		班级		时间	自　　年　　月　　日 至　　年　　月　　日								
出勤	天	病假	天	事假	天	缺勤		天	迟到早退			次	
实习分数				实习等级									
实习评价													
一级指标	二级指标	评价标准	评价等级										
			优秀		良好			合格			不合格	
			10	9	8	7	6	5	4	3	2	1	
职业道德与行为规范	考勤	遵守实习单位的作息制度，无旷课旷工、迟到、早退和无故请假现象											
	工作态度	热爱实习工作，实习准备充分，工作积极主动，责任心强，谦虚好学，勤奋上进，不怕苦、不怕脏、不怕累											
	组织纪律	严格遵守实习单位和学校的各项规章制度，无违法违纪行为，不做一切有碍实习工作的事情											
	行为规范	仪容仪表符合规范要求，举止仪态文雅，待人礼貌热情，工作规范且有条理											
	热爱幼儿	尊重和关爱幼儿，树立正确的教育观、儿童观，不歧视幼儿，不体罚或变相体罚幼儿											
	尊重老师、家长	尊敬老师，自觉服从指导老师及带队老师的安排，不评论老师；热情接待家长，协助老师做好家园沟通工作											
保育工作实践	岗位认知	明确保育员的工作职责和岗位要求，熟知幼儿一日生活各环节中保育工作的要求和操作规范											

(续表)

一级指标	二级指标	评价标准	评价等级									
			优秀		良好			合格			不合格	
			10	9	8	7	6	5	4	3	2	1
	业务技能	能够按照保育工作的规定程序和操作规范,做好幼儿一日生活保育;能够与幼儿有效地进行沟通交流;与同事关系融洽,能采纳别人的合理建议;及时、准确地向家长传递信息及进行沟通交流										
	沟通能力	具有良好的语言表达能力、社会适应能力、心理承受能力、组织协调能力、人际沟通能力及自我反思能力等										
	实习记录	实习记录完整、内容详实;实习报告全面、系统,并能运用所学的理论对某些问题加以分析,有一定的独立见解,实习报告总字数不少于1 500字										

幼儿园指导老师签字:

　　　　　　　　　　　　　　　　　　　　　　　　　　年　　月　　日

幼儿园领导意见:

　　　　　　　　　　　　　　　　　　　　　　　　公章:
　　　　　　　　　　　　　　　　　　　　　　　　年　　月　　日

第四学期保育实习计划与记录

日期：_____

一、基本情况

经过近两年的专业学习（包括一次保育见习和两次保育实习）以及保育员相关职业资格证的考试，同学们已经初步掌握了保育工作的知识和技能，但是在如何贯彻保教结合的原则，如何做好保育工作等方面仍缺少实践经验，专业知识技能仍需进一步巩固和提高，儿童观、教育观仍需进一步调整和加强。

二、实习目标

熟悉并掌握实习幼儿园保育工作的各项制度和要求，并在保育老师的指导下，完整承担保育员角色；全方位体验保育员工作的内容和职责，学会基本的保育工作方法，掌握基本的保育工作技能，学习贯彻保教结合的原则；更新教育理念，积累保育经验，提升专业素养，增强职业意识和职业情感。

三、实习内容与要求

(1) 熟悉实习幼儿园的安全、卫生保健制度和其他各项规章制度，掌握保育工作的内容、要求及工作程序，并在指导老师的指导下独立完成保育工作，总结保育工作的规律和技巧。

(2) 尽可能和幼儿交往，进一步了解幼儿的身心特点和语言特点，在一周内记住本班全体幼儿的姓名及各幼儿的显著特点；观察并学习保教人员指导幼儿的方法，记录一位指导老师（教师或保育员）因材施教的成功案例及自己指导幼儿的成功（或失败）案例。

(3) 掌握晨、午、晚检的方法，学习根据幼儿情绪、身体的异常变化鉴别传染病、常见病和意外损伤，并在指导老师的指导下，学习正确的处理方法。

(4) 参与教师组织的教学活动和游戏活动，并能根据教师的需要和要求，配合其做好组织指导工作，切身体会保教结合原则的真正含义。

(5) 了解一日生活各环节对幼儿生活常规的要求，观察指导老师的做法，并积极学习其引导幼儿建立生活常规的方法。

(6) 充分体会认真、负责以及爱心、耐心、细心对于工作的重要意义，树立起全心全意为幼儿服务的思想，并内化为自身的行动。

四、保育实习流程

本次实习的时间是在 6 月份,为期两周。

(1) 实习前一周:将实习材料发送至实习园,互通有关信息。

(2) 实习前一天:进行实习前培训。

(3) 实习第一天:上午 7:00,学生到达幼儿园,幼儿园向实习生宣布园规园纪,提出实习要求,并介绍指导老师,学生随即开始实习。

(4) 保育实习安排。

第一天至第四天:在指导老师的指导下,独立完成保育工作,总结保育工作的规律和技巧;积极与幼儿交往,尽可能多地记住本班幼儿的名字。书写本学期"实习记录"[①],并交指导老师签字。

第五天至第六天:工作内容同上。此外,还要学习晨、午、晚检及全日观察的方法,学习根据幼儿情绪、身体的异常变化鉴别传染病、常见病和意外损伤,并在指导老师的指导下,学习正确的处理方法。书写本学期"实习记录",并交指导老师签字。

第七天至第八天:工作内容同上。此外,还要了解一日生活各环节幼儿生活常规的要求,并积极学习教师引导幼儿建立生活常规的方法。参与教师组织的教学活动和游戏活动,并能根据教师的要求,配合其做好组织指导工作,切身体会保教结合原则的真正含义。书写本学期"实习记录",并交指导老师签字。

第九天至第十天:第九天晚上完成本学期"实习报告"的书写。第十天,与本班幼儿及保教人员进行简单的告别会,上交《记录本》,同时幼儿园对实习生进行实习点评,实习活动结束。

(5) 实习结束后的第一周:学生完成"实习体会报告"(不少于 800 字),各班召开以实习为主题的班会,进行实习交流总结。

(6) 实习结束后的第二周:幼儿园完成对学生的实习鉴定,并将学生的实习表现及优秀实习生名单发送给学校学前教育专业负责人。

(7) 实习结束两周后:专业部召开实习总结表彰会。

---

① 请根据实际情况合理安排时间,在实习期的前八天完成"实习记录"的书写。

第四学期实习记录（一）

实习时间	____年__月__日—____年__月__日		
实习幼儿园		实习班级	
实习负责老师		实习指导老师	
实习内容			
实习项目	保育工作内容		自我反思及工作小窍门
来园			
户外体育活动			
饮水			
学习活动			

(续表)

实习项目	保育工作内容	自我反思及工作小窍门
进餐		
睡眠		
游戏活动		
离园		

指导老师签字：

第四学期实习记录（二）

实习时间	_____年___月___日—_____年___月___日		
实习幼儿园		实习班级	
实习负责老师		实习指导老师	
实习内容			
实习项目	幼儿行为（常规）要求		指导老师的做法
来园			
户外体育活动			
饮水			
学习活动			

(续表)

实习项目	幼儿行为(常规)要求	指导老师的做法
进餐		
睡眠		
游戏活动		
离园		

指导老师签字：

第四学期实习记录（三）

实习时间	年　月　日—　　　年　月　日		
实习幼儿园		实习班级	
实习负责老师		实习指导老师	
区域活动观察记录			
项目	观察记录		个人思考
区域划分与设置			
区域中的主要材料			
区域中材料的清洁消毒工作			
指导老师签字：			

第四学期实习记录(四)

实习时间	_____年__月__日—_____年__月__日		
实习幼儿园		实习班级	
实习负责老师		实习指导老师	
幼儿常见病、常见传染性疾病的早期发现与应对			
疾病名称	主要症状		应对办法
指导老师签字:			

备注:同学们可通过访问保健老师来了解幼儿的常见病和常见传染性疾病,以及其主要症状和应对措施,并记录下来。

第四学期实习记录（五）

　　请从交通安全、食品安全、设施安全、玩具材料安全、消防安全、用电安全等幼儿园安全工作项目中选取两项，邀请你的指导老师做一份调查问卷，以了解幼儿园在这些项目上需要做好哪些工作才能确保孩子的安全。

安全工作项目： 安全工作措施：
安全工作项目： 安全工作措施：
调查收获：
指导老师签字：

第四学期实习记录（六）

实习时间	____年__月__日—____年__月__日		
实习幼儿园		实习班级	
实习负责老师		实习指导老师	
成功保教案例			

案例经过：

(续表)

案例启发：

指导老师签字：

第四学期实习记录（七）

日期	姓名	班级	晨检情况			全日观察情况		交班签名
			体温、精神、口腔、皮肤	家长代诉	处理	体温、精神、食欲、大小便、睡眠	处理	

指导老师签字：

第四学期实习记录（八）

编号	缺席幼儿姓名	缺席日期	缺席原因									情况来源			联系人
			疾病							走亲戚	去外地	其他	家长请假	电话询问	上门家访	
			症状	发病日期	未就诊	就诊										
						首诊日期	复诊日期	疾病名	就诊医院							
指导老师签字：																

第四学期实习报告

实习时间：_____　　　实际实习天数：_____

缺勤时间：_____　　　缺勤原因：_____

一、学习篇

    1. 通过本次实习，你对幼儿园的保教工作有了哪些新的认识？

    2. 你认为一个优秀的保教工作者应该具备哪些素质才能胜任保育工作？

    3. 在本次实习的过程中，让你印象最深刻的保育活动是什么？（列出3个）

活动名称及经过	启示

二、心得篇

1. 通过此次实习,你最大的收获是什么?

2. 请写下你对此次实习的自我反思及改进计划。

3. 请写下你的实习心得。

第四学期保育实习鉴定表

班级：_____　　姓名：_____　　学号：_____

幼儿园名称		班级		时间	自　　年　　月　　日 至　　年　　月　　日							
出勤	天	病假	天	事假	天	缺勤	天	迟到早退			次	
实习分数				实习等级								

实习评价											
一级指标	二级指标	评价标准	评价等级								
			优秀		良好			合格			不合格
			10	9	8	7	6	5	4	3	2	1
职业道德与行为规范	考勤	遵守实习单位的作息制度，无旷课旷工、迟到、早退和无故请假现象										
	工作态度	热爱实习工作，实习准备充分，工作积极主动，责任心强，谦虚好学，勤奋上进，不怕苦、不怕脏、不怕累										
	组织纪律	严格遵守实习单位和学校的各项规章制度，无违法违纪行为，不做一切有碍实习工作的事情										
	行为规范	仪容仪表符合规范要求，举止仪态文雅，待人礼貌热情，工作规范且有条理										
	热爱幼儿	尊重和关爱幼儿，树立正确的教育观、儿童观，不歧视幼儿，不体罚或变相体罚幼儿										
	尊重老师、家长	尊敬老师，自觉服从指导老师及带队老师的安排，不评论老师；热情接待家长，协助老师做好家园沟通工作										
保育工作实践	岗位认知	明确保育员的工作职责和岗位要求，熟知幼儿一日生活各环节中保育工作的要求和操作规范										

(续表)

一级指标	二级指标	评价标准	评价等级									
			优秀		良好			合格			不合格	
			10	9	8	7	6	5	4	3	2	1
	业务技能	能够按照保育工作的规定程序和操作规范,做好幼儿一日生活保育;能够与幼儿有效地进行沟通交流;与同事关系融洽,能采纳别人的合理建议;及时、准确地向家长传递信息及进行沟通交流										
	沟通能力	具有良好的语言表达能力、社会适应能力、心理承受能力、组织协调能力、人际沟通能力及自我反思能力等										
	实习记录	实习记录完整、内容详实;实习报告全面、系统,并能运用所学的理论对某些问题加以分析,有一定的独立见解,实习报告总字数不少于1 500字										

幼儿园指导老师签字:

年　　月　　日

幼儿园领导意见:

公章:
年　　月　　日

第五学期教育见习计划与记录

日期：_____

一、基本情况

入学两年来，同学们通过学习"托幼园所保教工作入门""幼儿文学""幼儿生活活动保育""婴幼儿常见病症识别与应对""学前儿童急症救助与突发事件应对""幼儿音乐""幼儿美术""幼儿舞蹈"等专业课程，以及四次保育实习（见习），初步掌握了保育工作的知识和技能，积累了一定的保育实践经验。然而，同学们对幼儿园教育教学工作的了解还十分有限，也缺少幼儿教育工作的实践经验。为了进一步提高同学们对幼儿教育工作的认知，帮助大家进一步熟悉幼儿教育工作的流程与要求，同时积累更多的教育实践经验，特安排了此次教育见习活动。

二、见习目标

熟悉幼儿园一日活动各环节的组织管理方法，观察并记录来园、游戏、集体教学、个别化学习、户外运动、离园等环节的组织要点；积累与家长沟通和幼儿沟通的初步经验；更新教育理念，积累教育实践经验，培养职业情感，提升综合职业素养，为将来从事一线教育实践工作打下基础。

三、见习内容与要求

（1）了解幼儿晨间来园接待的方法、内容及注意事项，学习利用来园接待的时间和家长、幼儿做简短沟通的方法。

（2）了解幼儿园游戏活动的类型以及各类游戏的支持与指导方法，协助教师开展游戏活动的准备和组织工作。

（3）了解幼儿园集体教学活动的类型、组织流程及教案的规范书写方法，协助教师组织集体教学活动。

（4）了解户外运动的要求和内容，掌握开展户外运动时的注意事项。

（5）学习幼儿园生活活动中教师的保教指导方法，并协助教师做好生活保育工作。

（6）了解离园环节组织与实施的操作要点，有安全意识，防止幼儿走失或被冒领。观察并记录教师在离园环节和家长做简短沟通的方法。

（7）尽可能和幼儿交往，进一步了解幼儿的身心特点和语言特点，努力记住本班幼儿的姓名及显著特点；观察并学习保教人员与幼儿沟通、指导幼儿的方法。

(8) 充分体会认真、负责以及爱心、耐心、细心对于工作的重要意义,树立起全心全意为幼儿服务的思想,并内化为自身的行动。

四、教育见习流程

本次见习的时间是在 12 月份,为期两周。

(1) 见习前一周:将见习材料发送至见习园,互通有关信息。

(2) 见习前一天:在校内进行见习前培训。

(3) 见习第一天:上午 7:00,学生到达幼儿园,幼儿园向见习生宣布园规园纪,提出见习要求,并介绍指导老师,学生随即开始见习。

(4) 教育见习安排。

第一天至第三天:完整观摩教师一日工作的全部内容,配合教师做好力所能及的工作;积极与幼儿交往,尽可能多地记住本班幼儿的名字;学习晨间来园接待的方法、内容及注意事项;观察并记录教师在入园环节和家长做简短沟通的方法。书写本学期"见习记录"[①],并交指导老师签字。

第四天至第六天:工作内容同上。此外,还要了解幼儿园集体教学活动的类型、组织流程及教案的规范书写方法,协助教师组织集体教学活动;了解幼儿园游戏活动的类型以及各类游戏的支持与指导方法,协助教师开展游戏活动的准备和组织工作。书写本学期"见习记录",并交指导老师签字。

第七天至第八天:工作内容同上。此外,还要学习教师在幼儿生活活动中的保教指导方法,并协助教师做好生活保育工作;了解离园环节组织与实施的操作要点,有安全意识,防止幼儿走失或被冒领;学习利用离园环节和家长做简短沟通的方法。书写本学期"见习记录",并交指导老师签字。

第九天至第十天:第九天晚上完成本学期"见习报告"的书写。第十天,与本班幼儿及保教人员进行简单的告别会,上交《记录本》,同时幼儿园对见习生进行见习点评,见习活动结束。

(5) 见习结束后的第一周:学生完成"见习体会报告"(不少于 800 字),各班召开以见习为主题的班会,进行见习交流总结。

(6) 见习结束后的第二周:幼儿园完成对学生的见习鉴定,并将学生的见习表现及优秀见习生名单发送给学校学前教育专业负责人。

(7) 见习结束两周后:专业部召开见习总结表彰会。

[①] 请根据实际情况合理安排时间,在见习期的前八天完成"见习记录"的书写。

第五学期见习记录(一)

见习时间	____年__月__日—____年__月__日		
见习幼儿园		见习班级	
见习负责老师		见习指导老师	
见习内容			
见习项目	指导老师工作内容与方法		工作小窍门(经验)
来园			
户外体育活动			
饮水、如厕			
学习活动			

(续表)

见习项目	指导老师工作内容与方法	工作小窍门(经验)
进餐		
睡眠		
游戏活动		
离园		

指导老师签字:

第五学期见习记录（二）

见习时间	_____年___月___日—_____年___月___日		
见习幼儿园		见习班级	
见习负责老师		见习指导老师	
对教师工作的观察与记录			
观察内容	环境创设	常见问题及解决技巧	
点心			
饮水			
如厕			
盥洗			

（续表）

观察内容	环境创设	常见问题及解决技巧
进餐		
睡眠		

指导老师签字：

第五学期见习记录（三）

见习时间	_____年___月___日—_____年___月___日		
见习幼儿园		见习班级	
见习负责老师		见习指导老师	
班级区域环境创设记录			
区角划分	具体游戏内容		环境创设的材料与方法

指导老师签字：

第五学期见习记录(四)

见习时间	____年__月__日—____年__月__日		
见习幼儿园		见习班级	
见习负责老师		见习指导老师	
游戏活动的观察与指导记录			
游戏内容	主要游戏材料		教师观察与指导的方法
指导老师签字:			

第五学期见习记录（五）

见习时间	____年__月__日—____年__月__日		
见习幼儿园		见习班级	
见习负责老师		见习指导老师	
集体教学活动的观察与记录			
教学内容	活动过程		教学方法

(续表)

教学内容	活动过程	教学方法
感悟		
指导老师签字：		

第五学期见习记录(六)

见习时间	年　月　日—　　　年　月　日				
见习幼儿园			见习班级		
见习负责老师			见习指导老师		
幼儿离园记录表					
幼儿姓名	穿戴整齐	精神状态	接送人	带回物品	特殊关照内容

指导老师签字:

第五学期见习报告

实习时间：_____ 实际实习天数：_____

缺勤时间：_____ 缺勤原因：_____

一、学习篇

    1. 通过教育见习，你认为作为一名优秀的幼儿园教师必须具备的品质有哪些？请举例说明。

    2. 你认为优秀的幼儿教师应掌握哪些技能？请举例说明。

    3. 经过两周的教育见习，你对幼儿园的集体教学活动有何看法？如何成功地开展集体教学活动？

    4. 在本次见习的过程中，让你印象最深刻的保教活动是什么？（列出 3 个）

活动名称及经过	启示

5. 在本次见习的过程中,你觉得本班指导老师最值得学习的三个方面是什么?

二、访问篇

1. 通过访问(或聊天)的形式,了解实习负责老师对实习生有哪些期待。

2. 访问指导老师,了解幼儿园班级管理的常见内容。

3. 访问指导老师,了解幼儿园教师的生涯发展路径。

三、心得篇

  1. 通过此次见习，你最大的收获是什么？

  2. 此次见习结束后，你将会对自己提出哪些方面的要求和目标？

  3. 请写下你的见习心得。

第五学期教育见习鉴定表

班级：_____　　姓名：_____　　学号：_____

幼儿园名称		班级		时间	自　　年　　月　　日 至　　年　　月　　日							
出勤	天	病假	天	事假	天	缺勤	天	迟到早退	次			
实习分数				实习等级								
实习评价													

一级指标	二级指标	评价标准	评价等级									
			优秀		良好			合格			不合格	
			10	9	8	7	6	5	4	3	2	1
职业道德与行为规范	考勤	遵守实习单位的作息制度，无旷课旷工、迟到、早退和无故请假现象										
	工作态度	热爱实习工作，实习准备充分，工作积极主动，责任心强，谦虚好学，勤奋上进，不怕苦、不怕脏、不怕累										
	组织纪律	严格遵守实习单位和学校的各项规章制度，无违法违纪行为，不做一切有碍实习工作的事情										
	行为规范	仪容仪表符合规范要求，举止仪态文雅，待人礼貌热情，工作规范且有条理										
	热爱幼儿	尊重和关爱幼儿，树立正确的教育观、儿童观，不歧视幼儿，不体罚或变相体罚幼儿										
	尊重老师、家长	尊敬老师，自觉服从指导老师及带队老师的安排，不评论老师；热情接待家长，协助老师做好家园沟通工作										
教育工作实践	岗位认知	明确教师的工作职责和岗位要求，熟知幼儿一日生活各环节中的教师工作要求										

(续表)

一级指标	二级指标	评价标准	评价等级									
			优秀		良好			合格			不合格	
			10	9	8	7	6	5	4	3	2	1
	业务技能	能够按照教师工作要求,做好幼儿一日活动的组织和实施;能够与幼儿有效地进行沟通交流;与同事关系融洽,能采纳别人的合理建议;及时、准确地向家长传递信息及进行沟通交流										
	沟通能力	具有良好的语言表达能力、社会适应能力、心理承受能力、组织协调能力、人际沟通能力及自我反思能力等										
	实习记录	实习记录完整、内容详实;实习报告全面、系统,并能运用所学的理论对某些问题加以分析,有一定的独立见解,实习报告总字数不少于1 500字										

幼儿园指导老师签字:

年　月　日

幼儿园领导意见:

公章:
年　月　日

第六学期保育顶岗实习计划与记录

一、基本情况

通过两年半的学习及多次赴幼儿园的见习、实习活动,同学们对幼儿园的保育工作已有了基本的认知并具备了一定的操作经验,尤其在通过保育员相关职业资格考试后,同学们已能较好地掌握保育员在一日生活中的基本操作规范。同时,通过学习教育活动设计、环境布置、游戏活动引导等课程及教育见习,同学们对托幼机构的保教理念与要求有了进一步的认识,为更好地配合教师开展教育教学工作奠定了基础。但是,同学们在如何有效地开展一日生活的保育工作,如何培养幼儿良好的生活习惯和生活能力,如何培养幼儿良好的个性,如何有效地与幼儿、家长及同事进行沟通等方面尚缺少实践经验,专业知识技能仍需进一步巩固和提高,科学的儿童观、教育观仍需进一步调整和加强。

二、实习目标

熟悉并遵守实习园保育工作的各项制度和要求,能在指导老师的督查下,独立承担保育员角色,全方位履行保育员的工作职责;贯彻保教结合的原则,学会基本的保育工作方法,掌握基本的保育工作技能;更新教育理念,积累保育经验,提升专业素养,增强职业意识和职业情感,为日后的就业打下基础。

三、实习内容与要求

(1) 总结保育员主要的岗位职责及素质要求。

(2) 概括幼儿一日活动各环节的保育任务、工作规范要求,探索保育工作的规律和技巧。

(3) 能根据幼儿的身心发展特点和个体差异,独立组织好幼儿的一日生活。

(4) 学习晨、午检及全日观察的方法,尝试鉴别因常见病、传染病和意外伤害等引起的幼儿身体异常情况,并学会正确的应对方法。

(5) 能护理特殊儿,并做好护理记录。

(6) 能在指导老师的指导下对幼儿进行观察、记录,并做简单的分析,进而逐步掌握分析幼儿常见问题的方法,培养保教能力。

(7) 能记录指导老师在一日生活各环节中的工作内容、工作方法,掌握记录的要领,逐步提高记录的能力。

(8) 能配合教师制作玩教具,进行教室环境布置。

(9) 能规范填写实习日志、撰写实习报告,并对自身的保育工作进行反思。

四、保育实习流程

本次实习的时间是在第六学期,为期五个月。

(1) 开学初:将实习材料发送至实习园,互通有关信息;进行实习前培训。

(2) 实习第一天:上午 7:00,学生到达幼儿园,幼儿园向实习生宣布园纪园规,提出实习要求,并介绍指导老师,学生随即开始顶岗实习。

(3) 顶岗实习安排。

第一个月:在指导老师的带领下开展保育工作;根据幼儿的身心发展特点和个体差异,采取适当措施,以促进幼儿身心正常发展;学习保育规律和保育工作技巧。书写本学期"实习记录"①,并交指导老师签字。

第二至第三个月:在指导老师的指导下开展保育工作;学会晨、午检和全日观察的方法;尝试鉴别因常见病、传染病和意外伤害等导致的幼儿异常情况,并学会紧急处理和应对的方法;学会护理特殊儿;学会撰写日常保育护理记录。书写本学期"实习记录",并交指导老师签字。

第四个月:在指导老师的监督下独立完成保育工作。学习分析幼儿常见病、多发病和常见意外伤害产生的原因;分析指导老师成功的保教案例,以及自己成功或失败的保育案例,进而逐步掌握分析问题的方法,培养保育能力。书写本学期"实习记录",并交指导老师签字。

第五个月:书写本学期"顶岗实习报告",上交《记录本》。选择合适的时间进行保育实习汇报,包括:向园领导及全园保育老师进行规范操作展示、成功保育案例汇报、保育实习体会汇报及园所要求的其他汇报等。

(4) 实习结束后的第一周:学生完成"实习体会报告"(不少于 800 字),各班召开以实习为主题的班会,进行实习交流总结。

(5) 实习结束后的第二周:幼儿园完成对学生的实习鉴定,并将学生的实习表现及优秀实习生名单发送给学校学前教育专业负责人。

(6) 实习结束两周后:专业部召开实习总结表彰会。

---

① 请根据实际情况合理安排时间,在实习期的前四个月完成"实习记录"的书写。

第六学期实习记录（一）

实习时间	年　月　日—　　　年　月　日						
实习幼儿园				实习班级			
实习负责老师				实习指导老师			
保育个案观察记录(1)							
观察对象		性别		年龄		日期	
观察项目	观察指标						
入园	情绪状态				体温		
集体活动	情绪状态				参与情况		
进餐	情绪状态				用餐情况		
午睡	情绪状态				午睡情况		
大小便情况	次数				性状		
幼儿基本情况描述							
保育建议							
指导老师签字：							

第六学期实习记录(二)

实习时间	年　月　日—　　　年　月　日			
实习幼儿园			实习班级	
实习负责老师			实习指导老师	
保育个案观察记录(2)				

观察对象		性别		年龄		日期	
观察项目			观察指标				
入园	情绪状态				体温		
集体活动	情绪状态				参与情况		
进餐	情绪状态				用餐情况		
午睡	情绪状态				午睡情况		
大小便情况	次数				性状		
幼儿基本情况描述							
保育建议							

指导老师签字:

第六学期实习记录（三）

实习时间	_____年__月__日—_____年__月__日		
实习幼儿园		实习班级	
实习负责老师		实习指导老师	
特殊儿护理记录			
特殊儿类型	护理要求		护理小窍门

指导老师签字：

第六学期实习记录（四）

请对你的保健指导老师做一次小调查：调查幼儿在园的常见意外事故，了解常见的伤害种类、主要原因及其相应的预防措施。

意外事故种类	事故主要原因	预防措施

幼儿园意外事故应对处理的主要流程：

指导老师签字：

第六学期实习记录(五)

请将你所在实习幼儿园的传染病管理规程(制度)抄写下来(可以附页粘贴的形式):

(续表)

(续表)

如何才能有效应对幼儿突发传染病？

现在正值春夏季节，幼儿园在这个时期较常见的传染病有哪些？典型症状是什么？该如何应对？
指导老师签字：

第六学期实习记录（六）

实习时间	_____年___月___日—_____年___月___日		
实习幼儿园		实习班级	
实习负责老师		实习指导老师	
成功保教案例分析			

案例经过：

（续表）

案例启发：
指导老师评语：
签字：

第六学期实习记录（七）

实习时间	_____年___月___日—_____年___月___日		
实习幼儿园		实习班级	
实习负责老师		实习指导老师	
失败保育案例反思			

案例经过：

（续表）

案例反思：
指导老师评语：
签字：

第六学期顶岗实习报告

实习时间：_____   实际实习天数：_____
缺勤时间：_____   缺勤原因：_____

一、幼儿园篇

1. 幼儿园名称。

2. 幼儿园历史。

3. 幼儿园理念。

二、学习篇

1. 你从指导老师身上学到了哪些人格特质?

2. 你认为成功的保教老师应具备哪些条件?请说明理由。

3. 经过与幼儿5个月的亲密互动,你认为拥有哪些基本功可帮助自己更好地与幼儿沟通?(列出3—5个)

4. 在本次实习的过程中,让你印象最深刻的保育活动是什么?(列出3个)

活动名称及经过	启示

5. 通过本次实习,你觉得本班指导老师最值得学习的三个方面是什么?

三、心得篇

1. 通过顶岗实习,你最大的收获是什么?

2. 请写下你对此次实习的自我反思及改进计划。

3. 请写下你的实习心得。

第六学期保育顶岗实习鉴定表

班级：_____　　姓名：_____　　学号：_____

幼儿园名称		班级		时间	自　　年　　月　　日 至　　年　　月　　日				
出勤	天	病假	天	事假	天	缺勤	天	迟到早退	次
实习分数				实习等级					

实习评价											
一级指标	二级指标	评价标准	评价等级								
			优秀		良好			合格			不合格	
			10	9	8	7	6	5	4	3	2	1
职业道德与行为规范	考勤	遵守实习单位的作息制度，无旷课旷工、迟到、早退和无故请假现象										
	工作态度	热爱实习工作，实习准备充分，工作积极主动，责任心强，谦虚好学，勤奋上进，不怕苦、不怕脏、不怕累										
	组织纪律	严格遵守实习单位和学校的各项规章制度，无违法违纪行为，不做一切有碍实习工作的事情										
	行为规范	仪容仪表符合规范要求，举止仪态文雅，待人礼貌热情，工作规范且有条理										
	热爱幼儿	尊重和关爱幼儿，树立正确的教育观、儿童观，不歧视幼儿，不体罚或变相体罚幼儿										
	尊重老师、家长	尊敬老师，自觉服从指导老师及带队老师的安排，不评论老师；热情接待家长，协助老师做好家园沟通工作										
保育工作实践	岗位认知	明确保育员的工作职责和岗位要求，熟知幼儿一日生活各环节中保育工作的要求和操作规范										

(续表)

一级指标	二级指标	评价标准	评价等级									
			优秀		良好			合格			不合格	
			10	9	8	7	6	5	4	3	2	1
	业务技能	能够按照保育工作的规定程序和操作规范,做好幼儿一日生活保育;能够与幼儿有效地进行沟通交流;与同事关系融洽,能采纳别人的合理建议;及时、准确地向家长传递信息及进行沟通交流										
	沟通能力	具有良好的语言表达能力、社会适应能力、心理承受能力、组织协调能力、人际沟通能力及自我反思能力等										
	实习记录	实习记录完整、内容详实;实习报告全面、系统,并能运用所学的理论对某些问题加以分析,有一定的独立见解,实习报告总字数不少于1 500字										

幼儿园指导老师签字:

年　　月　　日

幼儿园领导意见:

公章:
年　　月　　日

"新标准"学前教育专业理实一体化教材

学前教育专业保育实习指导手册

主　编　张艳娟
副主编　刘　博　宋　青

华东师范大学出版社
上海

图书在版编目(CIP)数据

学前教育专业保育实习指导手册/张艳娟主编. —上海:华东师范大学出版社,2020
 ISBN 978-7-5675-7146-4

Ⅰ.①学… Ⅱ.①张… Ⅲ.①学前教育-中等专业学校-教学参考资料 Ⅳ.①G610

中国版本图书馆 CIP 数据核字(2020)第 161584 号

学前教育专业保育实习指导手册

主　　编　张艳娟
责任编辑　罗　彦
责任校对　劳律嘉　时东明
装帧设计　庄玉侠

出版发行　华东师范大学出版社
社　　址　上海市中山北路3663号　邮编200062
网　　址　www.ecnupress.com.cn
电　　话　021-60821666　行政传真 021-62572105
客服电话　021-62865537　门市(邮购)电话 021-62869887
地　　址　上海市中山北路3663号华东师范大学校内先锋路口
网　　店　http://hdsdcbs.tmall.com

印 刷 者　上海龙腾印务有限公司
开　　本　787×1092　16开
印　　张　11.75
字　　数　225千字
版　　次　2021年1月第1版
印　　次　2021年1月第1次
书　　号　ISBN 978-7-5675-7146-4
定　　价　35.00元

出版人　王　焰

(如发现本版图书有印订质量问题,请寄回本社客服中心调换或电话021-62865537联系)

前言
QIAN YAN

实习是学前教育、幼儿保育专业学生在专业成长中的一个重要的实践环节。本教材是一本指导学前教育、幼儿保育专业学生,将所学的学前教育理论知识与专业技能运用到托幼机构保育实践之中,锻炼和培养实际工作能力的实践性课程教材。为了体现实习指导用书的实用性,本教材分为《学前教育专业保育实习指导手册》(以下简称《指导手册》)及《学前教育专业保育实习记录本》(以下简称《记录本》)两册。

《指导手册》主要阐述了保育实习的内涵、目标、方法、准备以及各学期实习指导等方面的内容,共包括3个话题:保育实习认知、保育实习准备和各学期保育实习指导。《记录本》是根据每学期实习的目标和要求,设计并安排的供实习生在实习期间完成的相关记录,包括保育实习守则、实习成绩评定标准、各学期实习计划及实习记录表,配套《指导手册》使用。

我们在教材的编写过程中努力突出了以下特色:

(1) 紧密联系托幼机构保育工作的实际内容和要求。
(2) 既是保育实习指导的教材,又是学生学习的学材。
(3) 配有《记录本》,方便携带且实用。

最后要介绍的是,本教材由上海市群益职业技术学校与上海市黄浦区荷花池幼儿园合作编写。上海市黄浦区荷花池幼儿园为本教材提供了丰富的实践内容,包括大量的照片、案例等。此外,本教材的编写还得到了上海市群益职业技术学校学前教育专业学科带头人宋彩虹老师的大力支持和全程指导,在此表示感谢!

由于编者的编写经验、视野有限,故教材存在问题在所难免,恳请大家提出宝贵意见和建议!

编者
2020 年 11 月

目 录 MU LU

话题 1　保育实习认知　1

探寻 1　保育实习的内涵及目标　3
探寻 2　保育实习的方法　5

话题 2　保育实习准备　7

探寻 1　师德修养准备　9
探寻 2　专业知识与技能准备　11
探寻 3　实习心理准备　14

话题 3　各学期保育实习指导　17

探寻 1　第一学期保育见习指导　19
探寻 2　第二学期保育实习指导　26
探寻 3　第三学期保育实习指导　34
探寻 4　第四学期保育实习指导　42
探寻 5　第五学期教育见习指导　50
探寻 6　第六学期保育顶岗实习指导　67

- **77 附 录**
  - 77 附录1 园校协同全程育人，打造"全学程系统设计、全流程规范管理"的实习管理机制
  - 81 附录2 学前教育专业保育实习工作流程
  - 82 附录3 学前教育专业保育实习职责分工

- **主要参考文献** 85

话题 1

保育实习认知

话题导入

　　保育实习是学前教育专业课程的重要组成部分,它能提高学生的职业技能,丰富实践经验,促进理论与实践相结合,是培养保育工作者的必不可少的重要途径。早在1936年,陈鹤琴先生就在《新实习》中明确指出:"实习是专业训练上必不可少的一门功课。凡是专业性质的学校……对于毕业的学生,都认为非经过实习这门功课不可。"

探寻 1　保育实习的内涵及目标

一、保育实习的内涵

保育实习是指学前教育专业的学生把学前教育的有关理论知识、专业技能运用于托幼机构保育实践工作中，培养良好的职业道德和修养，树立正确的健康观、保育观、儿童观，掌握保育工作的内容和方法，具备从事婴幼儿保育工作能力的实践活动。

现代保育观认为，婴幼儿保育包括对婴幼儿的身体保育和心理保育两个方面，即成人为婴幼儿的生长与发展提供必需的、良好的环境和条件，给予精心的照顾和养育，以促进婴幼儿正常发育和良好发展。

二、保育实习的目标

（一）保育实习的总体目标

掌握托幼机构保育工作的要求，强化保育工作专业技能，提高职业素养和综合职业能力，接受敬业精神、劳动观念、职业意识、职业纪律、职业道德教育，养成良好的职业行为习惯，掌握保育工作技能，积累保育工作经验，为将来就业做准备。

（二）保育实习的具体目标

1. 情感态度目标

（1）树立正确的教育观、儿童观，具有"四心"（爱心、耐心、细心、责任心），能尊重、关心、爱护婴幼儿，具有时刻关注婴幼儿并及时回应婴幼儿的意识。

（2）养成不怕苦、不怕累、不怕脏、不拖沓的良好职业习惯。

（3）充分认识保育工作在托幼工作中的地位、作用，热爱保育工作。

（4）懂得遵守托幼机构各项规章制度和行为规范的重要性，并能严格约束自己的言行，做婴幼儿的表率。

（5）懂得规范操作的重要性，在工作中细心、严谨，严守规范。

（6）懂得保教结合的重要意义，强化保教结合的职业意识。

2. 知识技能目标

（1）说出保育员主要的岗位职责及素质要求。

（2）掌握托幼机构一日活动中保育工作的内容和方法，贯穿保教结合的原则。

（3）能严格执行托幼机构安全、卫生保健制度。做好园所物品、用具、设备以及包干区的保洁、消毒工作。参与园所内设备器材等安全检查，做好各类物品的安全存放工作。

（4）能根据保育工作的要求，做好婴幼儿饮水、进餐、睡眠、盥洗、如厕等生活环节的保育工作，促进其身心健康发展。

（5）能根据活动内容及婴幼儿的年龄特点、身体状况，做好婴幼儿运动前的准备、运动中的生活护理及运动后的收整工作。

（6）能根据婴幼儿的年龄特点、学习活动内容的要求，做好婴幼儿学习活动前的准备工作，并能够配合和协助教师完成学习活动。

（7）能根据婴幼儿的年龄特点、游戏内容做好游戏活动前的准备工作，并能够配合和协助教师完成游戏活动。

（8）能初步鉴别由常见病、传染病和意外伤害等引起的婴幼儿身体异常情况，并及时应对。

（9）能做好特殊儿的护理工作，并做好护理工作记录。

（10）能配合教师制作玩教具，协助教师进行活动室环境布置。

（11）能记录一日生活各环节中指导老师的工作内容、工作方法，掌握记录的要领，逐步提高记录的能力。

（12）能在指导老师的指导下对婴幼儿及保育员的保教活动进行观察和记录，并做简单的分析，进而逐步掌握分析问题的方法。

我对实习的理解：

保育实习的方法

保育实习的方法主要有观察法、调查法、操作法和反思法。

一、观察法

观察是了解婴幼儿的重要途径,也是实习生熟悉托幼机构的环境及规章制度,掌握保育操作实践技能的重要手段,是保育实习的一个主要方法。

(一)观察对象及内容

(1) 婴幼儿。通过对不同年龄班婴幼儿一日生活各个环节的观察,了解婴幼儿的年龄特点、个性特点及心理需求。

(2) 保育员及教师。有目的、有计划地对托幼机构一日活动中保育员和教师的工作进行仔细观察,了解一日活动中保育员和教师的工作内容、工作方法。

(二)观察方法

(1) 全面观察和点式观察。前者是对基本情况和一般情况进行系统、整体的考察;后者是对各种具体问题进行观察。

(2) 旁观观察与参与式观察。前者是指观察者在不介入观察对象的活动的情况下进行观察;后者是指观察者在参与观察对象的活动的过程中进行观察。

(3) 取样观察和评定观察。前者是以时间或事件为单位,对特定行为进行观察;后者是按一定的评价等级或量表,对预先确定的观察对象的行为等级或行为存在与否进行判断、记录。

二、调查法

调查也是保育实习的一个重要方法,它是指调查者为了达到设定的目标而制定某一计划,全面或比较全面地收集研究对象的某一方面情况的各种材料,并进行分析、综合,得到某一结论的研究方法。在实习中,我们主要用到访谈和问卷调查两种调查方法。

三、操作法

操作法是指实习生在保育实习中,通过实际的保育操作学习保育规范技能的一种方法,它是在指导老师的指导下,有目的、有计划、有步骤地进行的。经验的积累源自于自身的实践,所以,同学们在实习时要多操作、多实践,不断探索保育工作的规律与技巧。

四、反思法

反思法是指在实践中不断思考自身行为的方法。我们无论在观察、调查还是在操作时,都要不断思考:为什么这样做?是否还有更快、更好、更有效的方法?婴幼儿为什么会出现这样的行为?我怎样做可以更好地促进婴幼儿的发展?指导老师与婴幼儿沟通的策略有哪些?指导老师的做法有什么优点?我和指导老师比还有哪些差距?总之,不断思考会促使自己不断进步。

话题 2

保育实习准备

 话题导入

　　充分的实习准备是确保实习工作顺利开展的重要保障。实习准备包括多个方面的内容,本话题主要介绍师德修养准备、专业知识与技能准备及实习心理准备。其中,师德修养准备是前提,专业知识与技能准备是基础,实习心理准备是实习取得成功的重要因素。

师德修养准备

　　保教工作者是婴幼儿的启蒙老师,担负着对婴幼儿进行全面发展教育的重要责任,这就要求保教工作者不仅要掌握系统的专业知识和技能,更应该具有良好的师德师风修养。实习不仅仅是学习知识和技能的过程,更是接受职业素养、职业道德熏陶的过程。实习之前,我们要学习《幼儿园教师专业标准(试行)》、《保育员国家职业技能标准》,以及当地的保育规范(如《上海市托幼机构保育工作手册》),了解国家、社会、行业对保教工作者的师德素养要求,做好实习前的准备。

一、关爱生命

　　教师是一个十分特殊的职业,它是一项直面生命和提升生命价值的事业。对生命负责,对生命成长负责,赋予了教师工作无与伦比的独特性和重要性。

二、关爱婴幼儿

　　保教工作者要关心、爱护全体婴幼儿,尊重婴幼儿的人格,用"四心"(爱心、耐心、细心、责任心)对待婴幼儿,遵循保育和教育相结合的原则,促进婴幼儿身心和谐发展。具体可从以下几个方面着手,在行动中表达对婴幼儿的关爱。

▲ 幼儿奔向教师

▲ 教师与幼儿共同阅读

▲ 教师与幼儿一起进行结构游戏

　　(1) 了解婴幼儿的身心发展特点。只有了解婴幼儿的身心发展特点,才知道如何与他们沟通交流,从而更好地服务他们。

　　(2) 热爱每一个婴幼儿。每个婴幼儿都应该被关爱,教师的爱也应该是无选择、一视同仁、不存在偏见的。

　　(3) 注重传递爱的信息。仅有一颗热爱婴幼儿的心是不够的,我们可以通过拥抱、倾听、微笑、赞赏等方式来传递爱。

（4）细心关注婴幼儿。保教工作者要细心观察婴幼儿的身体健康情况及情绪的细微变化，做好婴幼儿的保育工作。

（5）以高度的责任心对待婴幼儿。注重在日常生活中对婴幼儿进行安全教育，时刻保持高度的责任心，敏锐发现并及时化解环境中可能存在的安全隐患。

三、爱岗敬业

作为未来的保教工作者，要有强烈的职业认同感，深刻认识到自身在婴幼儿发展过程中的价值和作用；热爱学前教育事业，具有职业理想，践行社会主义核心价值观，履行教师职业道德规范；关爱婴幼儿，富有爱心、责任心、耐心和细心；为人师表，教书育人，自尊自律，做婴幼儿健康成长的启蒙者和引路人。

四、遵章守纪

实习期间，我们一定要强化纪律意识，认真学习，严格遵守国家、学校、实习园所的相关管理规定，并在实习活动中遵守规章制度。我们在婴幼儿面前也是老师，是他们容易模仿和学习的对象。因此，我们要勇做婴幼儿的榜样，即严于律己、团结协作、言而有信、言行一致、光明磊落、谦虚谨慎、热爱孩子、关心集体、不骄不躁、真诚待人；努力加强自身修养，做到举止文明、仪表端庄、待人礼貌、讲究卫生、以身作则、为人师表。

探寻 2　专业知识与技能准备

专业知识与技能的准备能为我们的实习提供理论支撑,使我们的保育实践符合教育规律和规范要求。

一、专业知识准备

专业知识主要是从学校的专业理论课程中进行学习的。专业理论课程的学习能为实习提供理论依据。我们在校学习期间要学习如下表所示的理论课程,为实习做理论方面的准备,并通过实习活动深入理解和掌握这些知识内容。

专业理论课程内容及目标

课程名称	课程内容	课程目标
托幼园所保教工作入门	保教工作整体认知、保教工作对象认知、托幼机构组织与管理、托幼机构相关政策与法规认知、托幼园所人际沟通、保教人才生涯发展等内容	了解托幼机构的基本类型及特点;概述托幼机构组织管理的基本要求;初步感受保育工作的内涵、价值及责任;明确托幼机构保育工作的职责、素质要求和生涯发展规律;掌握0—6岁各年龄婴幼儿身心发展的基本特点;熟知与婴幼儿、家长和同事沟通的基本形式与基本要求。通过学习,形成对托幼机构保育工作的基本认知,为后续的专业课程学习打下基础
幼儿生活活动保育	进餐保育、饮水保育、睡眠保育、如厕保育、盥洗保育、来园(离园)保育等相关知识与操作技能	掌握幼儿生活保育的基本知识和基本技能,具备从事照料幼儿生活,培养幼儿良好的生活卫生习惯和独立生活能力,维护幼儿生活活动安全卫生,促进幼儿身心健康成长的相关职业能力
婴幼儿常见病症识别与应对	以婴幼儿常见病识别与应对的典型工作项目为线索设计,包括婴幼儿生长发育监测、新生儿家庭基本护理、眼耳鼻保健与护理,以及识别与应对发热、	掌握婴幼儿常见病症的识别与应对的基本知识和基本技能,具备从事婴幼儿生长发育监测,识别、应对与预防婴幼儿常见病症以及对常见传染病的应急处理的基本能力

（续表）

课程名称	课程内容	课程目标
	异常排便、呼吸道感染、皮疹、腹痛、呕吐、咀嚼疼痛等婴幼儿常见病	
学前儿童急症救助与突发事件应对	托幼机构紧急救助认知；呼吸困难、惊厥、晕厥、过敏反应、鼻出血等婴幼儿常见急症的应急处理与预防；烧（烫）伤、骨、关节、肌肉损伤，小外伤，异物入体，中毒等婴幼儿常见意外伤害的应急处理与预防；走失或被冒领、暴力伤害、踩踏事故、火灾、地震等托幼机构重大突发事件的应急处理与预防	掌握婴幼儿急症救助与突发事件应急处理的基本知识和基本技能，具备对婴幼儿急症进行初步救助以及对突发事件进行初步处理的能力
幼儿运动、游戏、学习活动保育	幼儿运动认知；幼儿的不同形式运动中的保育要求；幼儿游戏认知；幼儿游戏活动中的保育要求；幼儿学习活动认知；幼儿学习活动中的保育要求	掌握幼儿运动、游戏、学习活动保育的基本知识和辅助教学的基本技能，具备从事幼儿运动、游戏、学习活动保育的相关职业能力
幼儿问题行为识别与应对	幼儿行为观察记录与分析、幼儿适宜行为识别与促进、幼儿偏差行为识别与引导等学习任务	掌握幼儿行为认知、幼儿偏差行为识别与应对、独立撰写幼儿行为个案报告以及与偏差行为幼儿的家长进行沟通的相关知识与操作技能，形成关爱幼儿，尊重幼儿人格，富有爱心、责任心、耐心和细心的职业素养

二、专业技能准备

（一）会观察

（1）如要服务婴幼儿，就要先了解婴幼儿，这就要求保教工作者具备敏锐、细致的观察能力，在与婴幼儿相处的过程中细心观察他们的身体健康情况及情绪的微小变化，及时有效地给予婴幼儿生活照护和情感呵护，更好地服务婴幼儿。

（2）观察保教老师的工作，学习保教老师的工作方法与技巧。

（二）会沟通

（1）用婴幼儿可以理解的语言和行为与他们交流。

（2）与同事积极沟通，通力协作做好婴幼儿保教工作。

(3) 与家长有效沟通,做好家园共育工作。

（三） 会操作

(1) 能按保育工作程序和规范操作要求组织婴幼儿的一日生活活动,根据婴幼儿的身心发展特点和个体差异采取适当措施,促进婴幼儿身心健康发展。

(2) 能配合教师做好生活活动、运动、游戏活动、学习活动的管理工作,学习观察婴幼儿、观察保教老师的工作,并做好记录分析。

（四） 会画

掌握简笔画的技能,能配合和协助教师进行学习活动,并能适时地展现绘画能力,配合教师完成玩教具制作或班级环境布置工作。

（五） 会制作

(1) 能用不同类型的纸张,运用折、剪、撕、粘、染等技能完成动物、植物或日常用品的造型设计与其他装饰。

(2) 能用常用的泥工材料,运用团圆、搓长、压扁、捏泥、拉伸、分泥等技能完成动物、植物或日常用品的造型设计与其他装饰。

(3) 能用各种材料(主要是废旧物品)进行玩教具制作和班级环境布置。

探寻 3　实习心理准备

实习时,我们要从一名在校学生转变为一名职业人,要经历社会角色的转变并适应生活、学习环境等诸多的变化。因此,保育实习之前的心理准备尤为重要。

一、转换角色

实习前,我们只是一名在校生,属于学生角色。当走进实习场所,角色就发生了变化,即从一名实习生转换为保育员,属于教师的角色,实现了从学生到职业人的转换。这就要求我们尽快适应新的角色,并按照新角色要求自己。当然,初入职场肯定有很多不适应,劳累、委屈、喜悦等情绪都可能会产生。所以,我们要做好充分的思想准备,调整好自己的情绪,以积极的心态投入工作,尽快适应环境。

二、吃苦耐劳

在托幼机构实习要比在学校上学辛苦得多,原因在于:保育工作的职业特点,即伴随着婴幼儿一日生活的安排,保育员在每个时间段都有工作任务,且可能需要统筹安排自己的时间才能高效地完成工作任务;实习生面对不熟悉的工作环境、工作内容,再加上新人的身份。因此,我们一定要做好吃苦耐劳的心理准备,同时也要善于将苦事乐做,从工作中寻找乐趣,在工作中体验到自身的价值,这样才更有意义。

▲ 活动室清洁

▲ 倾听指导老师的经验分享

三、谦虚好学

我们到幼儿园实习要秉承谦虚好学的态度,向指导老师学习,向其他一线的教师和员工学习,向婴幼儿学习。

指导老师都是资历深、经验丰富的长者,我们应尊重他们。对指导老师提出的批评和建议,要虚心接受并及时改进。实习过程中,我们要注意观察指导老师的教育行为,多向他们请教。

一线的教师和员工由于长时间接触婴幼儿,在实践中积累了丰富的经验并形成了个人的专业优势,我们要擅于捕捉每个人身上的闪光点,学习别人的长处。

实习前,我们对婴幼儿的理解基本都来自书本,实习为我们提供了接触婴幼儿的机会。我们要深入婴幼儿的活动,学会蹲下来认真聆听他们的心声,静下来观察他们的活动,慢慢地了解他们,从他们身上验证并实践理论知识内容。

四、不怕困难

在实习过程中,我们还会面临很多困难:有的来自与指导老师的交往,有的来自与同学的合作,有的来自婴幼儿,有的来自自身。这都需要我们在实习前做好充分的思想准备。

其一,要认识到有困难是正常的,人生本就是一个不断遇到困难并解决困难的过程。同样,实习也是解决一件件自己不会、不懂的问题的过程。其二,要有乐观的心态和坚定的信念。在困难面前,我们不要放弃和退缩,相信只要坚持不懈就能克服困难。在解决困难的过程中,我们要积累经验教训,促使自己更快地学习和成长。

五、善于反思

在实习过程中,我们要不断反思,注重把专业理论与保育实践相结合。坚持实践、反思,再实践、再反思,从而不断提高专业能力。

小贴士

实习期间,你可能比任何时候都要辛苦,一定要好好照顾自己。以下小贴士希望能帮助到你。

(1) **合理饮食,坚持锻炼。**实习期间要作息规律,饮食合理,坚持锻炼,避免因压力和劳累而生病。

(2) **早一点,勤快一点。**做任何事情都比别人早一点,因为任何单位都喜欢勤快的实习生。

(3) **学会倾诉,调整情绪。**实习期间,你可能会遇到种种始料未及的困难或烦恼,抱怨、消极对待都无法让你摆脱焦虑。你可以试着向老师和朋友求助、倾诉,适当地放松,以一个良好的状态面对实习。

话题 3

各学期保育实习指导

 话题导入

　　为了使同学们循序渐进地深入到幼儿园实际中,实践不同时段的幼儿园工作,最终实现全方位、全过程体验幼儿园工作及关键事件的目的,保育实习被系统地规划在三年的各学期中。同学们有机会在不同季节,在幼儿园的各个典型工作段(开学季、毕业季)、各个年龄班进行实习,这是基于课程内容的"多学期、分段式"三年实习整体设计。

　　为了帮助同学们更好地适应各学期的实习,保证实习的质量和效果,本话题将按学期分别介绍每次实习的目标、内容与要求、安排、相关问题与对策。

学前教育专业各学期实习的内容与时间安排[1]

学期	课程	关键事件	实习月份	实习时长	实习岗位
一	托幼园所保教工作入门	幼儿一日生活安排	12月	1周	保育员、育婴员岗位见习
二	幼儿生活活动保育、婴幼儿常见病症识别与应对		4月	1周	保育员、育婴员岗位跟岗实习
三	学前儿童急症救助与突发事件应对	小班幼儿入园适应	9月	2周	保育员、育婴员岗位跟岗实习
四	幼儿问题行为识别与应对	大班毕业典礼	6月	2周	保育员、育婴员岗位跟岗实习
五	幼儿运动、游戏、学习活动保育	幼儿园期末工作	12月	2周	保育员、育婴员岗位跟岗实习
六	全部工作内容		一学期	5个月	保育员、育婴员岗位顶岗实习

学前教育专业保育实习流程

❶ 将实习材料发送至实习园，互通有关信息

❷ 进行校内培训

❸ 上午7:00，学生到达幼儿园，幼儿园向实习生宣布园规园纪，提出实习要求，并介绍指导老师，学生随即开始实习

❹ 按照各学期的保育实习安排进行实习，每天晚上书写《记录本》中的"实习记录"

❺ 晚上完成《记录本》中"实习报告"[2]的书写

❻ 与本班幼儿及保教人员进行简短的告别会，上交《记录本》，同时幼儿园对实习生进行实习点评；下午实习活动结束

❼ 学生完成"实习体会报告"[3]的书写，各班召开以实习为主题的班会，进行实习交流总结

❽ 实习单位完成对学生的实习鉴定，并将学生的实习表现及优秀实习生名单发送给学校学前教育专业相关负责人

❾ 专业部召开实习总结表彰会

时间轴：前一周 | 前一天 | 第一天 | 实习期间 | 倒数第二天 | 最后一天 | 第一周 | 第二周 | 两周后

■ 实习前　■ 实习中　■ 实习后

---

[1] 下文各学期的保育实习指导均基于幼儿园做介绍。
[2] "实习报告"（不少于1500字）是学生实习记录的一部分，填写在《记录本》相应学期的"实习报告"部分，于实习结束后提交给幼儿园，是实习评定的重要依据之一。
[3] "实习体会报告"（不少于800字）是指每次实习结束后，学生自己撰写的心得体会，不在《记录本》中，其内容较为宽泛，可以包括知识技能、人际交往、同伴互助等，用于班级或专业部开展的实习总结交流活动。

第一学期保育见习指导

- 全面了解幼儿园的性质、任务与要求,了解幼儿园保教人员的岗位职责及素质要求,初步感知幼儿身心发展的特点,学习与幼儿交往的方法。
- 了解保育工作的内容与要求,初步认识保育工作的性质,培养初步的职业感情。
- 做一些力所能及的事,亲身体验保育工作,积累一定的感性经验,为以后的理论学习和从事保育员工作打下基础。

● 保育见习内容与要求 ●

- 完整见习幼儿园一日生活,全面了解幼儿园的性质和保教工作的任务与要求,了解幼儿园一日生活各环节保教工作的基本内容和基本形式。
- 听取幼儿园见习负责老师对幼儿园安全、卫生保健等方面各项规章制度的解读,并通过实践活动,初步理解各项制度,懂得幼儿园安全卫生工作的重要意义。
- 参观幼儿园室内外环境,熟悉各室的功能,感悟幼儿园环境创设的特点。
- 调查幼儿园主要工作人员(教师、保健员、保育员、营养员等)的工作职责及素养要求,重点掌握保育员的工作职责、素养要求及与其他岗位之间的相互关系。
- 做一些力所能及的事,如清洁消毒工作、帮助幼儿料理生活、分发饭菜等。亲身体验保育员工作的职责和素养要求,初步感知初级保育员的基本操作要求,积累一定的感性经验,为以后的专业学习打下基础。
- 学习观察幼儿的方法,能关注小、中、大班幼儿不同的身心特点。
- 关注幼儿园保教老师与幼儿和家长沟通的形式与方法。
- 充分体会认真、负责以及爱心、耐心、细心对于保育工作的重要意义。

保育见习安排 共5天

第一天

全面了解幼儿一日生活各环节的内容与要求（从来园至离园，观摩幼儿一日生活的全部活动内容）；参观幼儿园，学习幼儿园的安全、卫生保健制度（利用幼儿午休时间）；积极与幼儿交往，尽可能多地记住本班幼儿的名字。书写《记录本》中的"见习记录"，并交指导老师签字。

▲ 实习生来园见面会

第二天

完整观摩保育员一日工作的全部内容，配合保育员做好力所能及的保育工作；积极与幼儿交往，尽可能多地记住本班幼儿的名字。书写《记录本》中的"见习记录"，并交指导老师签字。

▲ 实习生学习如何配置消毒液

第三天

内容与要求同第二天，同时调查幼儿园主要工作人员（教师、保健员、保育员、营养员等）的工作职责及素养要求，重点掌握保育员的工作职责、素养要求及与其他岗位之间的相互关系（利用中午时间）。书写《记录本》中的"见习记录"，并交指导老师签字。

▲ 与幼儿沟通

第四天至第五天

▲ 实习生做早操

内容与要求同第三天。第四天晚上完成《记录本》中"见习报告"的书写。第五天与本班幼儿及保教人员进行简单的告别会，上交《记录本》，同时幼儿园对见习生进行见习点评，下午见习活动结束。

见习结束

完成"见习体会报告"；各班召开以见习为主题的班会，进行见习交流总结；见习单位完成对学生的见习鉴定；专业部召开见习总结表彰会。

▲ 实习生学习总结会

见习相关问题与对策

 第一次去幼儿园见习应注意什么？

第一次去幼儿园见习的时间马上就要到了，我好期待啊！想着马上就能看到可爱的小朋友们，我有着说不出的激动。但我又有一些担忧，要到完全陌生的环境，接触陌生的老师，我该做些什么准备呢？我要注意哪些问题呢？

答 绝大多数同学在得知要去幼儿园见习时都会兴奋不已。确实，活泼可爱的孩子是最生动的教材。但是，想要圆满地完成见习任务，还有许多需要我们注意的问题。

1. 做足准备，不迟到

具备时间观念是完成见习任务的重要注意事项之一。时间观念主要体现在不迟到、不早退及工作中注重提高工作效率两方面。见习时，我们的身份发生了变化，我们不再是学生，而是幼儿园的保教人员，因此，我们应该以一个职业人的标准要求自己。如果我们没有时间观念，发生迟到、早退的现象，一方面违反了幼儿园的规章制度，另一方面会让幼儿处于无人看管的状态，易导致安全事故，这会给幼儿的健康成长造成威胁。

但是在实习的第一天，总是会有迟到的同学。说起原因来，迟到的同学也觉得自己很委屈，"我很早就出门了，但走了很多冤枉路才找到幼儿园"，"今天的公交车怎么晚来了一刻钟"，"谁知道怎么突然下雨了，路上耽搁了"，"我走到分园了，不知道幼儿园原来有很多分园"……那么，怎样才能避免迟到呢？

（1）提前探路，心中有数。见习幼儿园所处的位置不一定是我们熟悉的地点，再加之早上7点钟左右就要到达幼儿园，所以，如果事先没有探明路线，很容易会造成实习迟到。为了保证准时到达见习园所，同学们可以于实习前一天在网络上查好路线，并且亲自去找一找实习园所在哪里，这样才能做到心中有数，避免迟到。

（2）留足时间，防止意外发生。我们在做任何事情时，都要考虑到过程中可能会出现意外。同样，实习途中也可能存在很多变数，如下雨、公交车晚点、地铁故障等。因此，我们应该留足时间，这样即使发生意外情况，也可以从容应对。

2. 不给别人添麻烦

幼儿园是一个相对较小的工作集体，一般一所幼儿园只有几十名教师，而大量实习生的到来将增加幼儿园在管理上的压力，而且也会给在园的师幼带来不便。我们作为实习生应尽量管理好自己，做到自备生活用品，不使用幼儿园的消耗品，如自己事先准备好餐具、水杯、毛巾、餐巾纸等物品，也要注意礼让他人先行等。作为实习生，注意这些生活细节既能减轻幼儿园的管理压力，也能提高我们的见习效率。

▲ 实习生个人物品准备

▲ 实习生集体照

▲ 实习生进行自我介绍

▲ 实习生整理仪容仪表

3. 注重仪表与礼节

在见习的过程中,我们的身份发生了变化,我们不仅仅是见习生,更是幼儿学习和模仿的榜样,我们的一言一行都会对幼儿产生潜移默化的影响。因此,我们要以身作则,为人师表。

(1) 在仪容仪表方面,我们要做到仪表整洁,着工作服、运动鞋或休闲鞋;不披发,不烫发,不染发,不剪怪异发型;不化妆,不戴首饰,不染指甲,指甲长度不超过指尖1毫米;举止文明,对人礼貌,行为规范,谈吐文雅,不说脏话。这些不仅体现了我们对幼儿园、教师、幼儿的尊重,更反映出我们对保育员职业的认同。

(2) 在礼貌礼节方面,我们要热情地与幼儿园所有人员打招呼,包括幼儿、家长、教师、保育员、营养员、保安等。这样既能体现自己的礼貌行为,也能让别人感受到你对他们的尊重,能使自己更快地被接纳。

（3）在文明礼让方面，我们应该做到走路、上下楼梯、进餐、如厕、进出门时遇到幼儿或教师要礼让。

（4）在使用文明沟通语方面，我们应使用如请问、是不是、可不可以、对不起、不好意思、麻烦您、抱歉、谢谢等礼貌用语。

4. 注意交通及操作安全

实习期间应注意自身的安全，包括交通安全及操作安全。我们要在遵守交通规则的前提下留出机动时间（约半个小时）来预防一些突发情况，如下雨天或堵车等。除了交通安全，我们在实习时也要注意操作安全，如正确使用消毒柜、洗衣机等电器，规范使用消毒液等，以保障自身的生命安全及身体健康。

问题 2　如何向幼儿介绍自己？

当想到将要面对指导老师还有那么多的孩子时，心里有点紧张，我该如何向孩子们介绍自己呢？哪种方式能让孩子们在第一时间喜欢上我呢？

答　每个实习生都希望能在第一次面对指导老师和孩子们时给他们留下一个好印象，这种美好的期待可能会使自己在面对班级做自我介绍时产生紧张情绪。因此，提前设计自我介绍，事先多练习几次非常有必要。以下三种自我介绍的方法可供大家参考：

（1）开门见山。例如：小朋友们，大家好！我是你们的实习老师佳佳，你们可以叫我佳佳姐姐。这样的风格对于中、大班的幼儿来说是合适的，但对于托、小班的幼儿而言就太单调直白了，很难让他们产生亲近感。

（2）准备一个小谜语。例如：小朋友们，大家好！我是你们的新老师。我的名字里有个谜语，我们一起来听一听、猜一猜。手掌珍贵似明珠，行动笨拙傻乎乎，样子像狗爱玩耍，下水上树有功夫。猜到了吧，我姓熊，大家可以叫我小熊老师或小熊姐姐。通过猜谜语的方式做自我介绍，幼儿立刻就被你吸引了。

（3）破冰游戏。我们可事先准备一个小游戏，在与幼儿玩游戏的过程中相互进行介绍，让幼儿认识自己，同时也帮助我们认识班上的幼儿。

问题 3　新的一天，如何做好幼儿入园的保育工作？

晨间接待是幼儿园一日工作的开始，我该如何做好幼儿入园的保育工作呢？

答　入园是幼儿在园一日生活的第一个环节，及时、到位的保育工作是开启幼儿美好一天的重要保证。幼儿入园保育工作的主要内容包括以下几点：

（1）上岗准备。准时到岗，洗净双手，整理仪表，换上工作服。

(2) 做好活动室、卧室、盥洗室的环境卫生、安全检查工作；准备好玩具、肥皂、毛巾、茶水、茶杯等。

(3) 幼儿来园时，热情接待幼儿及其家长；根据气候，关注、指导幼儿穿好合适的衣服，并将幼儿携带的物品有序地摆放在指定位置；配合教师组织活动，细心观察，适时指导个别需要帮助的幼儿。

(4) 来园活动结束时，引导和帮助幼儿整理玩具；了解晨检情况，知道哪些幼儿需要特殊照顾；向缺席幼儿的家长确认并了解缺席缘由。

每所幼儿园入园工作的具体要求可能会有稍许的不同，同学们在见习的第一天要注意观察和记录。从第二天开始，就可以力所能及地帮助指导老师做一些幼儿入园前的准备工作了。

问题 4　如何做好幼儿离园时的保育工作？

在离园环节，由于马上可以回家了，幼儿容易兴奋，且家长一天没有见到孩子了，接孩子时也很着急，所以每当放学时，班级门口都很拥挤、嘈杂。那么，如何有条不紊地做好离园工作呢？

答　离园是幼儿一日生活的最后一个环节，有条不紊地进行离园保育工作能使幼儿对第二天的园所生活充满期待。幼儿离园保育工作的基本内容包括以下几点：

(1) 提醒幼儿放好玩具、用具，整理摆放好桌椅。

(2) 提醒幼儿喝水、排便、整理衣物、带回个人物品。

(3) 关注幼儿安全，与家长沟通幼儿的在园表现。

(4) 在全体幼儿离园后，进行活动室及盥洗室的清洁、消毒和安全检查工作；离开时关好门窗、切断水电。

为了避免放学时门口拥挤无序，我们要合理安排离园的各项工作。例如：离园前半小时，可与幼儿一起总结一天的生活，组织幼儿进行安静的游戏活动，提醒(指导)幼儿整理衣物；家长来接时，与家长进行简短交流；引导幼儿放好玩具、礼貌道别；组织未被接走的幼儿进行活动，避免幼儿出现情绪不稳定的情况；提醒家长接孩子要排好队，注意孩子及自身的安全。

知识链接

离园保育的指导语言和行为提示[1]

年龄班	指导语言	行为提示
小班	(1) 你的小椅子放好了吗？ (2) 要回家了,你要和我说什么？ (3) 想一想,换好的鞋子应该放在哪里？ (4) (遇到不认识的家长接)你认识这位叔叔/阿姨吗？她/他是谁呀？	(1) 与幼儿和家长交谈时面带微笑,态度温和。 (2) 与家长沟通幼儿在园生活情况并给予适当的家庭生活小建议,达到家园合作共育的目的。 (3) 因人而异,针对幼儿不同情况给予帮助。 (4) 轻声与幼儿和家长道别,检查幼儿物品是否都已带回家。 (5) 做好离园结束工作,关闭门窗和电器,倾倒垃圾。
中班	(1) 玩具都收好了吗？东西都带齐了吗？想一想还有什么没做好？ (2) 谁来接你了？应该和老师/阿姨说什么？ (3) 我们长大了,会自己换鞋了,不用爸爸妈妈帮忙。我会！我能！我行！ (4) 你的书包应该谁来背？ (5) (遇到不认识的家长接)接你的是谁呀？请告诉我,好吗？	(1) 与幼儿和家长交谈时面带笑容,态度温和。 (2) 与家长沟通幼儿在园生活情况并给予适当的家庭生活小建议,达到家园合作共育的目的。 (3) 因人而异,针对幼儿不同情况给予帮助。 (4) 轻声与幼儿和家长道别,检查幼儿物品是否都已带回家。 (5) 做好离园结束工作,关闭门窗和电器,倾倒垃圾。
大班	(1) 看看还有东西没放好吗？ (2) 还有东西要带回家吗？今天有任务吗？ (3) 自己的事情自己做,自己换鞋,自己背书包。 (4) (遇到不认识的家长接)来接你的是谁呀？请告诉我,好吗？	(1) 与幼儿和家长交谈时面带笑容,态度温和。 (2) 与家长沟通幼儿在园生活情况并给予适当的家庭生活小建议,达到家园合作共育的目的。 (3) 因人而异,针对幼儿不同情况给予帮助。 (4) 轻声与幼儿和家长道别,检查幼儿物品是否都已带回家。 (5) 做好离园结束工作,关闭门窗和电器,倾倒垃圾。

---

[1] 摘自《上海市徐汇区幼儿园保育工作手册》。

第二学期保育实习指导

保育实习目标

- 进一步了解幼儿园工作的性质、任务及要求,进一步感知幼儿身心发展的特点,学习与幼儿沟通的方法。
- 收集"幼儿生活活动保育"课程的相关知识经验,提高对幼儿园保教工作的认识,培养职业感情,为以后的专业学习和从事保育员工作打下良好的基础。

保育见习内容与要求

- 在指导老师的带领下,进行保育工作的规范操作,基本达到初级保育员的操作水平(仅指"操作层面")。
- 掌握进餐、睡眠、盥洗、如厕、来园、离园等生活活动各环节的保育工作要求。
- 接受实习负责老师关于特殊儿护理的辅导,并在指导老师的指导下,对特殊儿进行特别护理,做好护理记录。
- 调查小、中、大班幼儿各自的身心发展特点及其保教重点与方法。
- 细心观察幼儿,尝试解读幼儿的言行并回应他们。
- 学习保教人员与幼儿交往的方式方法,尤其要注意他们在与幼儿交往时的语言特点,关注"教"的层面的内容。
- 了解指导老师与家长沟通的基本形式与方法,并尝试配合指导老师做好与家长的沟通工作。
- 充分体会认真、负责以及爱心、耐心、细心对于工作的重要意义。

保育实习安排 共5天

第一天

观摩保育员一日工作的全部内容，配合保育员做好力所能及的保育工作；积极与幼儿交往，尽可能多地记住本班幼儿的名字。书写《记录本》中的"实习记录"，并交指导老师签字。

▲ 向指导老师认真学习

第二天

在指导老师的带领下，做好幼儿一日生活保育工作；掌握进餐、睡眠、盥洗、如厕、来园、离园等生活活动各环节的保育工作要求及操作技能。书写《记录本》中的"实习记录"，并交指导老师签字。

▲ 实习生迎接幼儿入园

第三天

内容与要求同第二天。此外还要接受实习负责老师关于特殊儿护理的辅导，并在指导老师的指导下，对特殊儿进行特别护理，做好护理记录。书写《记录本》中的"实习记录"，并交指导老师签字。

▲ 整理运动器械

第四天至第五天

第四天晚上完成《记录本》中"实习报告"的书写。第五天，与本班幼儿及保教人员进行简单的告别会，上交《记录本》，同时幼儿园对实习生进行实习点评，实习活动结束。

▲ 带幼儿测量体温

实习结束

完成"实习体会报告"；各班召开以实习为主题的班会，进行实习交流总结；实习单位完成对学生的实习鉴定；专业部召开实习总结表彰会。

▲ 幼儿园实习总结大会

实习相关问题与对策

问题 1　第二次去幼儿园实习应注意什么？

第二次去幼儿园实习的时间马上就要到了,虽然没有第一次那么焦虑,心里也稍有些底气了,但因本次实习与第一次的见习有所不同,内心还是有些忐忑的。在本次实习中,我又该注意哪些问题呢?

答　因第二次实习没有了第一次的新鲜感,加之这次实习与见习不同,不仅仅是观察记录保育老师的操作方法,还要求同学们在指导老师的带领下完成保育工作,所以有的同学会表现出畏难情绪,觉得实习很苦、很累。此外,由于保育工作是相对简单、琐碎且日复一日的,有的同学会觉得工作枯燥,不如第一次实习那么积极主动了。

同学们之所以会出现这种情绪是因为还没有深刻认识到保育工作的重要性。其实,实习的过程不仅仅是学习指导老师职业技能的过程,更是学习他们的职业精神的过程。希望以下几个方面的提示可以帮助同学们在第二次实习中获得满满收获。

1. 理解保育工作对幼儿健康成长的重要价值

保育员是幼儿园重要的工作人员,是第一线的幼教工作者,保育工作是幼儿园工作的重要组成部分。具体来说,保育员的主要工作职责包括以下几个方面:

(1) 负责本班教室、设备、环境的清洁卫生和消毒工作,熟记传染病隔离工作要点,根据不同时期的要求,制定并执行相应的消毒方案,确保幼儿一日活动环境是安全的。

(2) 配合教师做好一日活动照料和幼儿生活管理工作,时刻关注每一位幼儿的状态,协助本班教师组织教育活动,对于需要帮助的幼儿,及时引导并提供帮助。

(3) 在卫生保健人员和本班教师的指导下,严格执行幼儿园安全、卫生保健制度。妥善保管幼儿衣物和本班的设备用具。在面对突发事件(如鼻出血、跌损伤等)时,关注幼儿生理、心理的状态,熟练准确地为其处理伤口,并及时安抚幼儿情绪。

(4) 每日严格填写交班本与表格,如有幼儿异常情况要记录在案,并与班级教师沟通该幼儿情况,与家长做好家园互动工作。

(5) 积极参加相关职业培训,阅读书籍以习得新的养育知识,并能灵活运用新的养育方法不断提高专业素养与能力。

从保育员的工作职责可以看出,保育工作与幼儿的健康

▲ 盥洗室的清洁工作

成长息息相关。此外,为幼儿提供良好的生活保育能在保障幼儿身心健康成长的同时,潜移默化地培养幼儿的生活自理能力,帮助其形成良好的生活习惯和交往行为,掌握生活基本规则,积累基本的生活经验。因此,保育工作对幼儿的健康成长有着不可替代的重要作用,保育工作和教育工作共同担负着促进幼儿身心和谐发展的任务。

2. 注重提高职业能力和职业素养

成为高素质的保育员是我们的目标,因此我们在实习过程中不仅要注重锻炼自身的职业能力,更要注重提升自身的职业素养。

保教人员的职业能力包括主动学习能力,与幼儿、家长、同事的沟通交流及合作能力,观察解读幼儿和组织教育活动的能力,以及环境布置、信息技术应用的能力,这都是幼儿园尤其看重的职业能力。

保教人员的职业素养包括:热爱孩子、正直善良、诚实守信、吃苦耐劳、爱岗敬业、遵章守纪。除了上述职业素养外,"四心"(爱心、耐心、细心、责任心)、良好的个性品质及情绪管理能力也是保教人员应该具备的职业素养。

这就要求我们在实习过程中对照职业能力和职业素养的要求,不断提升自我,成为一名合格的保育员。

▲ 协助教师制作玩教具

3. 关注操作细节,强化规范操作意识

只有规范地进行各项保育操作才能保证幼儿的健康、安全,促进幼儿的健康成长。同时,规范操作也能保障保教人员自身的安全和健康,因为许多工伤事故都是由于违规操作造成的。

我们的工作对象是自我保护能力较弱的幼儿,我们对细节的疏忽可能会对幼儿的身心健康带来威胁,同时细节也会影响我们的工作效率,因此在实习中,我们一定要认真向指导老师学习,注重细节,按规范要求进行操作并养成规范操作的意识。

问题 2　如何辅助指导老师的工作并与其愉快相处?

实习时,如果我遇到的指导老师比较冷漠,我该如何与他沟通?在跟随指导老师工作时,我有种随时等待吩咐的感觉,这让我觉得紧张、不自在,我该如何与指导老师愉快相处呢?

答　我们在幼儿园实习的过程中,其实有双重身份——实习老师和实习生。作为实习老师,我们是孩子们眼中的新老师;作为实习生,我们与指导老师之间是一种类似师徒的关系而非同事关系。所以,与指导老师的关系如何将直接影响我们是否能从指导老师那里获取保育工作经验,是否能全身心地投入到实习工作中去,是否能在工作中保持愉快的心情。以下几个建议能帮助同学们更好地与指导老师相处：

1. 尊重和理解指导老师

实习生要在语言、行动、心理上尊重指导老师。如遇到指导老师，要热情亲切地与其打招呼；对于指导老师安排的工作，要积极接受并保质保量地完成，不计较、不抱怨；有事情需要离开时，要及时向指导老师说明，在得到允许后再离开等。

▲ 指导老师与实习生谈心

2. 善于发现指导老师的优点

如果指导老师是一位新手或者他的专业能力还比较欠缺，其实他的心里也会忐忑甚至敏感，所以我们的尊重会让他感到更加自在。与其抱怨自己没有遇到经验丰富的老师，不如尝试去发现他的优点。切忌与同学或其他老师在背后议论自己的指导老师，这样可能会产生不必要的矛盾。

3. 真诚相待，虚心请教

如果指导老师是个热心的人，那么我们便可热情地接受这份好运，真诚地与其沟通，不懂就问。如果指导老师对我们比较淡漠，那么我们可以主动"破冰"，在合适的时间向他虚心请教，否则可能会影响实习的效果。有些指导老师认为，实习生会给班级和自己带来小麻烦，比如，实习生笨手笨脚的，有可能会降低自己的工作效率，孩子们会比较兴奋，不听话，因此心里并不是十分愿意接待和指导实习生。一旦觉察到这种情况，我们需要坦诚地与之沟通，让指导老师给自己提要求，弄清楚哪些事情自己可以参与，哪些地方要与班级保持一致等。如此，自己成为"多余人"或是"麻烦"的可能性就会大大降低。

问题 3　如何让幼儿在户外既快乐又安全地玩?

做好幼儿运动保育工作是保育员的重要职责之一。幼儿的运动形式有哪些？在运动的组织与开展过程中，保育员又要做哪些工作呢？

答　幼儿园运动主要指体操、器械运动、自然因素锻炼等活动，旨在提高幼儿的身体素质、动作协调能力和适应环境的能力，为培养幼儿健康的体质奠定基础。《幼儿园工作规程》中规定，幼儿园需要确保幼儿"每日户外体育活动不得少于1小时"。幼儿园运动的常见形式有操节运动、户外区域运动、集体运动教学、特殊天气室内运动及幼儿园特色运动等。保育员在幼儿运动中的工作内容主要包括以下几方面：

(1) 运动前，检查场地的安全情况，确保场地平坦、防滑、无积水、无杂物，运动器械无损坏；配合教师备好器具和玩具、干毛巾、茶水、茶杯；提醒幼儿及时大小便；协助教师为幼儿脱去外套，提醒和帮助幼儿将内衣束于裤内，裤脚不拖地，系好鞋带等。

(2) 运动中,保育员要加强对幼儿的生活护理,及时提醒和帮助幼儿增减衣服,为其擦去脸上和颈部的汗水;提醒幼儿喝水,不玩危险物品,不做危险动作,不打闹,不吵架,不狂奔乱跑;注意掌握个别身体不适幼儿、体弱儿、肥胖儿等的活动时间,及时提醒他们休息,特别加强对他们的护理和照顾,如运动前在其背部垫上干毛巾,运动后及时抽去毛巾。

(3) 运动后,保育员要收拾好玩具,将其归类摆放;提醒或帮助幼儿将衣服带回教室,让幼儿穿上外衣,确保幼儿不受凉;协助教师做好幼儿的清洁整理工作,如洗手、擦脸、休息、喝水等。

在户外活动时,由于场地大,幼儿易兴奋,所以在幼儿运动期间需要关注他们的安全,及时处理异常情况和突发事件。活动前,应对幼儿进行安全教育,提高他们的自我保护能力和安全意识。活动中,应保证幼儿在自己的视线范围之内,随时清点人数,阻止幼儿做危险动作。只要保教老师之间能密切配合,考虑周全,幼儿就可以既快乐又安全地在户外玩耍。

▲ 为幼儿垫毛巾

问题 4　幼儿不好好吃饭怎么办?

▲ 让挑食儿与不挑食儿坐在一起进餐

午餐时间,孩子们正听着柔和的音乐安静地进餐,突然扬扬"哇"的一声大哭了起来,桌上的饭菜几乎没有动。我走过去蹲下,轻声问他:"扬扬别哭,你能告诉老师发生什么事情了吗?"扬扬张开小嘴巴指指里面的牙齿,小脸皱起难受地说道:"张老师,我牙齿痛。"为了缓解扬扬的牙痛,我让他用冷水漱口,休息一会儿再吃。没想到一旁的骞骞轻轻地拉了拉我的衣角说道:"张老师,我也牙齿痛,不想吃了。"班级里不只有牙痛的,还有肚子疼的,一到吃饭就要不停地上厕所的,甚至还有悄悄倒掉饭菜的。面对这些可气又可笑的小精灵,我该怎么办呢?

答　进餐保育是幼儿生活保育的重要内容,进餐保育工作的内容主要包括:餐前准备(清洁消毒餐桌、分发饭菜、餐前教育)、进餐中保育(尤其是对挑食儿、肥胖儿等特殊儿的保育)、餐后收整。其中,进餐中特殊儿的保育是工作重点也是难点。

面对不好好吃饭的幼儿,保教人员要先分析一下幼儿不喜欢吃饭的具体情况及其原因,一般有两种情况:一是偶尔不喜欢吃,二是经常吃饭没有胃口。针对不同的情况,我们应采取不同的措施来帮助幼儿养成良好的进餐习惯。

幼儿偶尔不喜欢吃饭的原因可能有:在家里已经吃过一些零食,而且来园比较晚,等到吃饭的时候还不饿,所以不想吃饭;因个人口味,如不喜欢当天饭菜的味道;身体不适。我们要针对每个幼儿的不同情况,采取相应的措施。针对因来园较晚且吃了零食而不好好吃饭的幼儿,我们应该与家长沟通,告知家长少给孩子吃零食,按时到幼儿园上学。针对因不喜欢饭菜味道而不好好吃饭的幼儿,我们应该鼓励、引导幼儿先尝一口,少吃一点,逐渐引导其进餐。对于因生病而不好好吃饭的幼儿,应及时通知其家长带孩子就医。

如果幼儿经常吃饭没有胃口,那就可以推断幼儿有挑食、偏食的不良习惯。要培养幼儿养成良好的进餐习惯,改掉挑食、偏食的坏习惯,我们可以从以下几个方面着手。

(1) 创设轻松愉快的进餐环境。营造良好的进餐氛围,播放轻松、愉快的音乐,以帮助幼儿快乐、积极地进餐。

(2) 取得家长配合,丰富家庭食物种类。有时幼儿不愿意尝试某种食物是因为对其不熟悉、不了解,如家里平时就不吃芋艿,幼儿在幼儿园吃时大多会排斥。因此,保教人员要重视与家长的配合,鼓励家庭中的饭菜相对多样化一些,如遇到孩子不喜欢吃的食物,家长应该在其面前津津有味地品尝,给孩子做榜样,激发其进食的兴趣和愿望。

(3) 结合幼儿特点合理引导。每种食物都有其独特的营养价值,保教人员不妨对幼儿不爱吃的食物进行研究分析,深入了解这些食物对幼儿生长发育的作用,再针对幼儿的特点进行引导。例如,当个头矮小的孩子不愿意吃牛肉时,保教人员可以告诉他吃了牛肉会长高;当爱美的孩子不喜欢吃番茄时,保教人员可以告诉他番茄能让小朋友越来越美丽。

▲ 让幼儿愉快地用餐

帮助幼儿改掉挑食、偏食的坏习惯是一个长期的工作,保教人员要有足够的耐心和信心。同时,保教人员也要争取家长的积极配合,通过家园共育帮助孩子养成健康的饮食习惯。

小案例

我会自己盛饭

在午餐时间,佳佳吃完一碗饭后,似乎等不及老师给他盛饭,就自己上来动手舀饭菜了。回到座位上,佳佳得意地对旁边的小朋友说:"今天是我自己舀的饭。"顿时,班级里许多孩子向他投去了羡慕的目光。我看在眼里,灵机一动,为何不让孩子自己动手盛饭呢?中班的孩子已具备了这样的自我服务能力。于是,我便说道:"吃完了第一碗饭的小朋友,可以自己上来盛饭,但是一定要吃多少盛多少,不要浪费哦。"话音刚落,只见孩子们脸上都露出了开心的表情,就连平日里吃饭爱说笑、慢条斯理的小家伙也大口大口地吃了起来,不一会儿就有一位小朋友上来添饭,接着两位、三位……我在一旁轻声地提醒孩子们捏紧勺柄,动作慢点别着急,当心把饭菜撒在桌子上。两个吃饭慢吞吞还爱挑食的小家伙,也捧着小碗骄傲地对我说:"张老师,我今天也吃了两碗。"

虽然他们在自己的小碗里只盛了一点点的米饭,但是我还是睁大眼睛赞叹道:"哇,真棒!如果你们每天都这样吃饭,一定会长高,力气也会更大的。"从那以后,我就让一些吃饭慢或爱挑食的孩子自己添饭、菜,并关注、指导他们盛饭盛菜的方法和数量,他们个个兴致高涨,吃饭也有了很大的进步。渐渐地,班级里不愿意吃饭、爱挑食的孩子少了,他们的胃口一点点变好了。

分析与提示:幼儿挑食的现象在幼儿园比较普遍,案例中的老师能及时抓住教育契机,顺应中班幼儿的身心发展特点,让幼儿在自我服务的过程中慢慢养成了良好的饮食习惯。

知识链接

进餐时保育的指导语言和行为提示[①]

年龄班	指导语言	行为提示
小班	(1) 一口饭一口菜,细细嚼,慢慢咽。 (2) 每一种菜都有营养,吃了身体就会健康。 (3) 吃完饭别忘记漱口。 (4) 需要我帮忙吗?	(1) 待幼儿即将吃完时给幼儿盛汤。 (2) 观察幼儿用餐情况,对体弱儿、能力较弱的幼儿给予关心和帮助。 (3) 纠正幼儿不良的进餐习惯,鼓励幼儿样样都吃。
中班	(1) 椅子放平不乱摆,坐姿端正脚放平。 (2) 手上拿勺不乱敲,嘴里有饭不说话,一口饭一口菜,合上嘴巴细细嚼。	(1) 通过演示和提醒,让幼儿学会剥虾、去骨和挑鱼刺的方法,并对个别幼儿给予帮助和指导。 (2) 待幼儿即将吃完时给幼儿盛汤。 (3) 观察幼儿的用餐情况,纠正幼儿不良的进餐习惯,知晓幼儿的发展现状。 (4) 待幼儿进餐全部结束后,整理桌面、地面。
大班	(1) 今天吃了几种荤菜/素菜?今天的菜有几种颜色? (2) 嘴里有饭不说话,一口饭一口菜,合上嘴巴细细嚼。漱漱口,擦擦嘴,文明用餐做得好。 (3) 看看你的桌面和地面干净吗?不干净应该怎么做?	(1) 待幼儿即将吃完时给幼儿盛汤。 (2) 观察幼儿的用餐情况,纠正幼儿不良的进餐习惯,知晓幼儿的发展现状,寻找对策。 (3) 待幼儿进餐全部结束后,整理桌面、地面。

[①] 摘自《上海市徐汇区幼儿园保育工作手册》。

第三学期保育实习指导

保育实习目标

- 掌握幼儿园开学工作的内容与要求，初步学习应对新生不适应幼儿园生活的方法。
- 进一步了解幼儿园工作的要求，感知幼儿的身心发展特点，学习与幼儿沟通的方法。
- 收集"学前儿童急症救助与突发事件应对"等课程的相关知识经验，形成基本认知。

保育见习内容与要求

- 了解新生接待工作的内容与要求，配合指导老师做好新生入园接待工作，尝试做好情绪不稳定幼儿的安抚工作。
- 在巩固"操作层面"保育技能的基础上，重点学习一日生活各环节中保育员"教"的层面的内容。例如：如何引导幼儿愉快地入园；如何引导幼儿愉快安全地游戏；如何引导幼儿愉快安全地进餐；如何引导幼儿安静地入睡；如何培养幼儿的生活自理能力；如何配合好教师进行教学、游戏活动等。
- 在指导老师的提醒下，对特殊儿进行特别护理。
- 细心观察幼儿，根据幼儿的言行及时解读并回应幼儿，努力使自己的交往语言符合幼儿的年龄特点。
- 观察并学习教师与家长简短沟通的方法。
- 调查小、中、大班幼儿的运动要求和各年龄班常见的运动器械；配合指导老师激发幼儿运动的兴趣，护理、参与幼儿运动，关注个别特殊儿，关注幼儿园运动的组织特色。
- 对幼儿园最易发生的急症或意外事故进行调查，了解其发生的原因、处理办法及预防措施。如发生幼儿急症或意外伤害事故，能辅助指导老师及时应对。
- 充分体会认真、负责以及爱心、耐心、细心对于工作的重要意义。

保育实习安排 共10天

第一天

完整观摩保育员一日工作的全部内容，配合保育员做好力所能及的保育工作；主动与幼儿交往，尽可能多地记住本班幼儿的名字。书写《记录本》中的"实习记录"，并交指导老师签字。

▲ 为幼儿分发点心

第二天至第五天

在指导老师的带领下，了解新生接待工作的内容与要求，并配合指导老师做好新生入园接待工作，尝试做好情绪不稳定幼儿的安抚工作。书写《记录本》中的"实习记录"，并交指导老师签字。

▲ 安慰刚入园的幼儿

第六天至第八天

在巩固"操作层面"保育技能的基础上，重点学习一日生活各环节中保育员"教"的层面的内容。例如：如何引导新生愉快地入园；如何引导幼儿愉快安全地进餐；如何引导幼儿安静地入睡；如何配合好教师进行教学、游戏活动等。书写《记录本》中的"实习记录"，并交指导老师签字。

▲ 餐前教育

第九天至第十天

第九天晚上完成《记录本》中"实习报告"的书写。第十天，与本班幼儿及保教人员进行简单的告别会，上交《记录本》，同时幼儿园对实习生进行实习点评，实习活动结束。

▲ 为幼儿扎辫子

实习结束

完成"实习体会报告"；各班召开以实习为主题的班会，进行实习交流总结；实习单位完成对学生的实习鉴定；专业部召开实习总结表彰会。

▲ 实习生撰写实习报告

实习相关问题与对策

问题 1　第三次去幼儿园实习应注意什么？

经过一年的专业课程学习及两次的幼儿园实习锻炼,我基本上清楚了幼儿一日生活的流程,掌握了保育工作操作流程及规范操作要求。在本次保育实习中,我又要从哪些方面提升自己的保育能力呢？

答　确实,经过一年的专业课程学习、校内实训、两次幼儿园实习锻炼,大部分同学已经基本掌握了保育工作的流程和方法。但是,同学们对保育工作的总结和反思还不够,工作效率也比较低。本次实习需要同学们在这两个方面多努力。

1. 勤于思考,经常总结

一方面,保育工作也是有规律和技巧的,我们要在实习中积累经验,经常反思、总结,探索保育工作的规律和技巧。这里分享几则优秀保育员的工作小窍门。

小窍门1:倒置茶杯。保育员每天下班前都要清洗幼儿的茶杯,以便第二天进行消毒。茶杯的放置是有诀窍的,一开始我们都是把洗好的茶杯乱七八糟地放在桶里,第二天发现茶杯里还有水迹,没办法消毒。那么,怎么样才能让茶杯没有水迹呢？后来我们发现,只要在清洗的时候将茶杯倒置,就可以解决这个问题了。

小窍门2:巧放餐具。分餐时,不让手指触碰碗口常常是个大难题,尤其是在将碗从一叠碗中取出时最困难,但只要把所有的碗倒扣摆放或平放,取碗时不碰碗口的问题就解决了。

小窍门3:在为大班幼儿分餐时,保育员可以邀请3—4位幼儿作为当天的"分餐小助手",协助一起分餐。这样既锻炼了幼儿的动手能力,也减少了分餐的时间,提高了工作效率。

▲ 将茶杯摆放整齐

▲ 指导大班幼儿分发点心

另一方面,反思和总结都是良好的学习习惯,是一个人可持续发展的原动力,因此,我们要养成勤于思考、经常总结的良好习惯。在本次实习中,我们要注重总结保育工作的规律和技巧。

2. 掌握技巧,提高效率

通过校内理论学习和实训,我们基本掌握了保育操作技能,但存在操作不熟练、工作效率低的问题,这样是不能适应保育工作实践的。一是因为幼儿一日生活的各个环节都有相应的保育任务和时间节点,保育员一日的工作是十分繁忙、环环相扣的。如果我们工作不熟练、效率比较低,便很难完成一日保育工作任务。二是因为工作效率低也会给幼儿的身体健康带来危害。比如在分发饭菜时,保育员若操作不熟练,分发速度较慢,可能会导致后面拿到饭菜的幼儿吃到冷饭,直接影响幼儿的身体健康。因此,我们要认识到提高工作效率的重要性,并在实训和实习中加强练习,切实提高工作效率。

问题 2 我能收家长赠送的礼物吗?

本次实习恰逢教师节,每到这个时候,都会有许多家长向老师赠送礼物。这些礼物我能收吗?如果不收,又该如何婉拒家长的一番好意呢?

答 在收不收家长礼物这个问题上,我们不妨来分析一下家长送礼物的心态。

(1) 表达感谢。教师节是老师的节日,送上礼物是为了表达对老师的谢意,同时也让孩子学会感恩。

(2) 跟风行为。别的家长都送了,我也要送,避免老师对家长和孩子有看法,怠慢了自己的孩子。

(3) 希望孩子得到优先照顾。因为孩子比较小,各方面都需要依赖老师的照顾,且班级的孩子又比较多,所以家长希望通过送礼来让老师多关照自己的孩子,多给孩子锻炼的机会。

在了解家长的想法后,我们就可以有的放矢地通过沟通回绝家长的好意了。

第一,在日常与家长和孩子沟通的过程中,主动地在观念和思想上影响家长和孩子,让家长了解老师的价值观和儿童观。

第二,老师在日常教育中要做到对每一个孩子一视同仁,公平对待,让家长真切感受到老师的无私和仁爱。

第三,面对送来礼物的家长,要诚挚地表达感谢,真诚地与其沟通孩子的情况,让家长感受到自己的孩子不会因没有送礼而被忽视。然后再婉言谢绝家长的礼物,态度温和而坚决,让家长感受到老师的高尚人格和气节。

问题 3　如何帮助新入园幼儿度过入园适应期呢？

这次两周的实习正值幼儿园开学，这样的安排是为了让我们了解新生接待工作的内容与要求，配合指导老师做好新生入园接待工作。我又期待又忐忑，我该如何帮助新生尽快适应幼儿园的生活呢？

答　每年秋季开学初，我们都能看到一些新入园的小班或托班幼儿，在与家人分别时哭喊："我要妈妈！""我要回家！"幼儿园生活是孩子成长过程中的一个关键的转折期。上幼儿园意味着幼儿要从父母身边、从温暖的家里离开，走进集体，开始他们的新生活，在心理上难免会有起伏，如表现出焦虑、彷徨、胆怯等情绪。怎样帮助新生度过适应期是幼儿园与家长共同需要面对的问题。为了帮助幼儿顺利地度过入园焦虑期，尽快地适应幼儿园生活，我们可以尝试以下方法。

▲ 迎接幼儿入园

▲ 与幼儿一同进行区角游戏

▲ 在照片墙上寻找自己与家人

1. 观察入手，了解幼儿

保教人员应仔细观察幼儿的日常表现，将详细情况记录在观察日记上，便于及时反思和总结规律，并根据幼儿的不同特点，采取不同的方式对待他们，做到个性化地解决问题。例如，男孩子喜欢小汽车，来园时可以用发声的汽车玩具吸引他们的注意力，并陪伴他们一起玩，以缓解他们的分离焦虑。

2. 耐心为伴，友好相处

对于刚入园的幼儿，保教人员不要表现得过于热情，亲切和蔼就好。因为此时幼儿的防备心理比较强，抵触情绪也很强，如果在此时对幼儿过于亲密、热情，会让他们产生厌恶和逃避情绪。保教人员在此阶段的最重要的工作就是耐心陪伴幼儿，和他们说说话、聊聊天，可以从幼儿喜欢的话题入手，与他们友好相处。在肢体接触方面,我们可以停留在握手这一个阶段,且应当事先经得孩子的同意。

3. 游戏为主,逐步过渡

因刚入园而产生的分离焦虑易让幼儿拒绝教师的活动邀请。这个时候,保教人员应尽可能地以鼓励为主,若幼儿坚决不参加,可允许他们当"小观众",近距离观察其他幼儿活动。保教人员在此阶段准备的活动应以幼儿喜闻乐见的游戏为主,因为对于刚入园的幼儿,课程并没有那么重要,帮助他们建立常规意识、参与意识才是当务之急。

4. 引导为主,理解幼儿

刚入园的幼儿常常会出现不想吃饭、拒绝午休、带着依恋物等行为,保教人员应给予理解,然后对其进行引导。对于不想吃饭的幼儿,保教人员可以和他们聊家常,了解幼儿最爱吃的饭菜以及真实想法,耐心引导幼儿尝试品尝饭菜,从一口开始慢慢增加,不要强制幼儿进餐。对于拒绝午休的幼儿,保教人员要有爱心、耐心,可以抱抱他们、陪伴他们,给他们一段平静时间,让他们坐在自己的小床上,然后和他们聊聊熟悉的物品,从而缓解幼儿的焦虑情绪。需要注意的是,这期间不要让幼儿脱离集体。个别幼儿会带依恋物来园,走到哪里都带着,保教人员应理解并接纳幼儿的这种心理需求,认可他们对物品的依恋。教师可通过轻柔的肢体接触、温和的言语安抚、亲切的表情交流,唤起幼儿愉快的情绪体验,从而让他们对保教人员产生依恋,进而逐步适应幼儿园生活,最终摆脱对物品的依恋。

5. 尊重孩子,有效回应

有入园焦虑的幼儿常常会思念家人,嘴里不停地哭喊着家里的某个人,这时,保教人员应该尊重幼儿,有效地进行回应。保教人员不妨给他们提供一些和亲人有关的东西,如全家福照片,以满足他们的归属感和安全感。这时,如果保教人员一直回应幼儿诸如"放学了妈妈就来接你""奶奶在家等着你"等语言,会在无意中强化幼儿对于家人的思念,使幼儿更难从思念的情绪中走出来。保教人员可以帮幼儿找到他们愿意在幼儿园做的事情,从而缓解亲人不在身边的不安感。此外,到了下午离园前,保教人员可以认真地告诉幼儿:现在时间到了,爸爸妈妈很快就会来接你们的,大家今天表现得都很棒(可逐个表扬幼儿做得好的地方,让他们带着愉快的心情离园)。

问题 4 如何帮助幼儿愉快入睡?

到了午睡的时间,对于新入园的小班幼儿来说该环节是一项挑战,对于作为实习生的我们来说也是一个头疼的问题。大部分幼儿还不能适应幼儿园的集体生活和作息制度,有的幼儿还在经历着分离焦虑的痛苦,所以一到午睡时间就更加没有安全感,更加想念爸爸妈妈,哭闹不止。面对这样的情况我该怎么办呢?

答 新小班幼儿初入园时,面临着身体和心理的双重挑战,适应幼儿园的集体生活是摆在幼儿面前的第一关,其中很重要的一环就是适应幼儿园的午睡。

大部分幼儿在家午睡时都有成人的陪伴,或者想睡的时候才睡,没有一个特定的时间,或者根本就没有午睡的习惯,但在幼儿园,我们是提倡幼儿午睡的,并且有固定的午睡时间。幼儿大脑皮层易兴奋、疲劳,需要通过午睡休息来补充夜间睡眠的不足部分,午睡可以使幼儿放松身心、恢复精力,为下午的活动奠定良好的基础。以下方法可以帮助幼儿愉快入睡:

(1) 营造安静的氛围,让幼儿有安全感。如有无法安静下来的幼儿,保教人员应轻声和他交流,不要严厉指责,因为严厉指责反而会使幼儿更加兴奋,安静地对该幼儿提要求能让其本来兴奋的情绪平静下来。

(2) 教师陪伴幼儿入睡。比如,可轻拍幼儿的背部、轻轻抚摸幼儿的头部,让其有充足的安全感,安静入睡。又如,可以给幼儿讲故事,讲故事的速度要尽可能地慢,声音要越轻越好,尽量在幼儿的耳边讲述故事。讲故事的速度和声音可以根据幼儿的入睡情况进行调节,可以越讲越慢,声音越来越轻。此外,最好选择内容平和的、不要有紧张情节的故事。

▲ 护理幼儿入睡

▲ 观察幼儿午睡

(3) 对于特别兴奋的幼儿,可以将他带到教室,坐在他的身边适当陪伴他做一些安静的事情,如看绘本、剪纸、折纸等,让其渐渐平静下来。待五六分钟以后,再引导该幼儿进入卧室入睡。

当然,有些幼儿天生精力旺盛,即使中午不睡觉也不影响他下午的正常活动。对于这样的幼儿,只要他不打搅别人,教师可以允许他不睡觉,安排他进行一些安静的活动,但不可以让他脱离自己的视线,以确保幼儿安全。

知识链接

幼儿睡眠保育的基本工作内容

睡眠保育的主要任务是保证幼儿有充足的睡眠,培养幼儿良好的睡眠习惯和睡眠能力。睡眠保育的基本工作内容如下:

(1) 根据幼儿情况合理安排床位,全体幼儿头脚交叉睡。

(2) 为幼儿准备好睡眠所需的床铺和被褥。在冬季,应提前将托、小班幼儿的被子翻开一个角,便于幼儿钻进被窝,避免其着凉。

(3) 组织适宜的睡前活动,提醒幼儿睡前排便,检查幼儿身边有无小物件、玩具等,引导幼儿安静进入卧室,帮助或指导幼儿脱去衣服,并叠放整齐。

(4) 至少每15分钟巡视一次,注意开窗,保持空气流通。巡视中为蹬被子的幼儿盖好被子,纠正幼儿不正确的睡姿。特别注意幼儿有无在被子下面玩玩具、拆弄被褥、玩身上的衣服等行为,如发现以上情况要及时引导和帮助。

(5) 幼儿起床后,及时关门窗并帮助其按顺序穿好衣服,鼓励中、大班幼儿自己穿衣叠被。

(6) 幼儿离开卧室后,保育员关门开窗,将被子打开晾10分钟,随后整理床铺、叠被,擦拭卧室地面。

第四学期保育实习指导

- 熟悉并掌握实习幼儿园保育工作的各项制度和要求,并在保育老师的指导下,完整承担保育员角色。
- 全方位体验保育员工作的内容和职责,学会基本的保育工作方法,掌握基本的保育工作技能,学习贯彻保教结合的原则。
- 更新教育理念,积累保育经验,提升职业素养,增强职业意识和职业情感。

● 保育见习内容与要求 ●

- 熟悉实习幼儿园的安全、卫生保健制度和其他各项规章制度,掌握保育工作的内容、要求及工作程序,并在指导老师的指导下独立完成保育工作,总结保育工作的规律和技巧。
- 尽可能和幼儿交往,进一步了解幼儿的身心特点和语言特点,在一周内记住本班全体幼儿的姓名及各幼儿的显著特点;观察并学习保教人员指导幼儿的方法,记录一位指导老师(教师或保育员)因材施教的成功案例及自己指导幼儿的成功(或失败)案例。
- 掌握晨、午、晚检的方法,学习根据幼儿情绪、身体的异常变化鉴别传染病、常见病和意外损伤,并在指导老师的指导下,学习正确的处理方法。
- 参与教师组织的教学活动和游戏活动,并能根据教师的需要和要求,配合其做好组织指导工作,切身体会保教结合原则的真正含义。
- 了解一日生活各环节对幼儿生活常规的要求,观察指导老师的做法,并积极学习其引导幼儿建立生活常规的方法。
- 充分体会认真、负责以及爱心、耐心、细心对于工作的重要意义,树立起全心全意为幼儿服务的思想,并内化为自身的行动。

保育实习安排 共10天

第一天至第四天

在指导老师的指导下，独立完成保育工作，总结保育工作的规律和技巧；积极与幼儿交往，尽可能多地记住本班幼儿的名字。书写"实习记录"，并交指导老师签字。

▲ 清洁消毒桌子

第五天至第六天

工作内容同上。此外，还要学习晨、午、晚检及全日观察的方法，学习根据幼儿情绪、身体的异常变化鉴别传染病、常见病和意外损伤，并在指导老师的指导下，学习正确的处理方法。书写"实习记录"，并交指导老师签字。

▲ 组织幼儿进行户外活动

第七天至第八天

工作内容同上。此外，还要了解一日生活各环节幼儿生活常规的要求，并积极学习教师引导幼儿建立生活常规的方法。参与教师组织的教学活动和游戏活动，并能根据教师的要求，配合其做好组织指导工作，切身体会保教结合原则的真正含义。书写"实习记录"，并交指导老师签字。

▲ 组织幼儿进行游戏活动

第九天至第十天

第九天晚上完成"实习报告"的书写。第十天，与本班幼儿及保教人员进行简单的告别会，上交《记录本》，同时幼儿园对实习生进行实习点评，实习活动结束。

▲ 与幼儿共同阅读

实习结束

完成"实习体会报告"；各班召开以实习为主题的班会，进行实习交流总结；实习单位完成对学生的实习鉴定；专业部召开实习总结表彰会。

▲ 校内实习总结大会

实习相关问题与对策

问题 1　第四次去幼儿园实习应注意什么?

这已经是第四次进行保育实习了,对于保育理论知识及操作技能,我们已掌握得越来越好。要想圆满完成本次实习任务,我要注意哪些问题呢?

答 经过四个学期的专业理论学习及前三次的保育实习,我们对于理论知识和操作技能确实已掌握得越来越好。但是,前面三次实习时,我们主要是跟在保育老师身后,在老师的指导下进行实习工作,老师安排什么事情就做什么事情,主动性和统筹安排一日工作的能力和意识比较弱。此外,我们的团队合作意识还比较弱,可能会偶有同伴矛盾。因此,本次实习要注意下面两个方面的问题。

1. 科学合理安排一日工作

在本次实习中,我们应能在指导老师的指导下完整担当保育员角色,学习按保育工作程序和规范操作要求管理幼儿的一日生活。因为任务很重、要求很高,所以我们要在工作中注意多反思、多琢磨,统筹安排自己的时间,科学合理、独立高效地完成一天的工作。

2. 增强团队合作意识

我们往往是几个人甚至十几个人在同一所幼儿园实习的。这时,我们就是一个小团队,我们要发挥团队精神,注重团队合作。具体的注意事项有:第一,实习中要有分工,更要有合作,即相互协作、相互帮助,共同完成实习任务。第二,实习要有组织,即服从组长的安排,按时到达幼儿园,实习结束时集体离园。第三,要有全局观念,不计较个人得失。第四,要相互包容,一个团队中,每个人的个性特点不同,因此团队成员要相互包容,发挥各自的优势,共同完成实习任务。

我们除了要注意团队合作外,也要注重与实习指导老师、幼儿家长进行沟通合作,即秉承相互尊重、相互协作的原则,在指导老师的指导下组织好幼儿的一日活动,与指导老师共同合作做好班级保育工作;在指导老师的要求下,学习与家长沟通的技巧。

▲ 与幼儿共同整理运动器械

问题 2　如何做实习观察记录？

在幼儿园实习时，满眼是活泼可爱的孩子、和蔼可亲的教师、辛勤忙碌的保育员，还有丰富多彩的幼儿园活动……我该选择哪些内容进行观察记录呢？

答　观察法是实习的重要方法之一，我们在每次实习时都需要完成实习观察记录。原因在于：一方面，观察记录的过程就是总结反思的过程，能反映我们的实习态度与专业素养；另一方面，通过观察记录可留下实习痕迹，亦是我们实习的重要档案资料。

观察记录的内容一般分为三种：一是对幼儿园指导老师工作的观察记录，二是对幼儿活动的观察记录，三是对相关问题的调研记录。例如，调研幼儿园常见传染病的症状及应对方法，幼儿园意外事故的种类、原因、预防措施等。[①]

问题 3　如何使幼儿愉快如厕？

如厕是幼儿一日生活的重要环节，但我发现这对幼儿来说是一个不小的挑战呢！很多幼儿对于在幼儿园排便有畏难情绪，那么，我该如何使幼儿愉快如厕呢？

答　如厕对于幼儿，尤其是小年龄的幼儿来说，是一件具有挑战性的事。不少幼儿不能独立穿脱裤子，不会便后擦拭，再加上与排便有关的生理系统尚未发育完善，常常出现尿裤子、憋便等情况。因此，在幼儿如厕时要特别耐心、细心、不怕脏、不厌烦，认真做好幼儿如厕的保育护理工作。保育员可通过做好如下保育工作来帮助幼儿愉快如厕。

1. 创设良好的如厕环境

（1）做好幼儿如厕的物质准备，保持厕所地面干燥、空气清新、便池洁净、无异味，手纸放在固定的、幼儿容易拿到的地方。

（2）营造安全、宽松、和谐的如厕氛围，使幼儿对于在园如厕不紧张、不拒绝。

（3）选取一些与排便有关的故事或儿歌，采用谈话、角色游戏等形式，让幼儿意识到自己有能力如厕，并为自己的行为感到高兴。

▲ 幼儿园盥洗室

[①] 为了帮助学生提高实习的针对性与实效性，我们根据每学期实习的目标和要求，设计并安排了实习生在实习期间所必须完成的相关记录，形成了《学前教育专业保育实习记录本》。实习生须依据要求完成实习观察记录。保育记录应该简洁完整，体现保育护理的细节。

2. 幼儿如厕时耐心护理

（1）及时提醒幼儿大小便，按需要小便，定时大便。

（2）指导幼儿便后擦拭屁股，如从前往后擦，将污纸扔到纸篓中等；耐心帮助能力弱的幼儿擦拭屁股，不埋怨幼儿。

（3）指导幼儿提裤子，并将内衣束进裤子里。

（4）提醒幼儿便后及时冲厕、洗手。

（5）要耐心和蔼，不可训斥和指责个别排便在身上的幼儿。

（6）关注幼儿的大小便情况，如发现异常情况应及时与保健员联系。

问题 4　如何避免意外伤害的发生？

每次实习动员时，老师都一再强调一定要关注幼儿的安全。在幼儿园实习的过程中，指导老师也一再强调幼儿的生命安全是一切活动的前提。那么，我应该如何做才能避免幼儿意外伤害的发生呢？

答　因幼儿身体各部位生长发育还未成熟，且缺乏必要的安全防范意识和自我保护能力，使得幼儿成为各种急症和意外伤害的高发群体。因此，保护幼儿的生命和促进幼儿的健康是托幼园所保教工作的前提和基础。我们可以从以下几个方面努力，以减少甚至避免意外伤害的发生。

1. 做好幼儿安全教育

保教人员应在幼儿一日生活中加强安全教育，使幼儿知道生活中存在的不安全因素有哪些。

（1）告知幼儿不接触热源、电源，不要独自到高处玩耍，不要攀爬窗户和栏杆，不要用力拖拉其他幼儿的手臂。

（2）教育幼儿不要将纽扣、硬币、玻璃珠、豆子、瓜子等小物品放入口中、耳朵、鼻腔等部位玩耍，并告知这种行为可能带来的后果。告诉幼儿如果不小心将异物放入耳、鼻、喉中，应及时告知保教人员。

（3）教育幼儿要远离破碎的玻璃、刀具等锋利物品；不要在狭窄的空间内快速奔跑或追打；走路或玩耍时应仔细留意身边的危险事物；出现小外伤后应及时向保教人员求助。

（4）教育幼儿如何正确地与宠物相处，告知幼儿宠物可能对其造成的危害，避免因激怒宠物而被攻击；教会幼儿基本的自我保护方法，如到昆虫多的户外时应尽量避免皮肤暴露，不去逗弄陌生的猫或狗，要远离蜜蜂及其巢穴等。

（5）可对幼儿进行适当的性安全教育。在对幼儿进行教育的过程中，保教人员要引导幼儿明白：身体不可被别人随意触碰；如果别人触碰了自己身体的隐私处，一定要告诉父母、自己信赖的老师等。保教人员还应该教会幼儿学习表述身体部位的名称（特别是生殖器官的名称），便于孩子准确表达。

▲ 阻止幼儿的危险动作　　　▲ 不带不安全的物品入园　　　▲ 阻止幼儿碰触消毒液

2. 落实幼儿一日生活的安全措施

(1) 进餐的安全措施有以下几点：

① 热源不进班，五温进班（温饭、温菜、温汤、温茶、温点心）。

② 给小年龄的幼儿喂饭时不要太快，哭时不喂饭，并让幼儿在咽下最后一口饭后才能离开饭桌；提醒幼儿细嚼慢咽，不能嬉笑打闹和大声说话，以免噎呛。

③ 食物要新鲜且烧熟煮透；不吃隔夜饭菜、生拌菜；夏季不买熟食。

④ 幼儿不吃整粒的花生、瓜子、豆子及带核的食品；小年龄的幼儿不吃带刺、带骨的鱼或肉，不吃果冻等。

(2) 睡眠的安全措施有以下几点：

① 睡前检查口中不含饭，手中无不安全物品。

② 睡眠时每 15 分钟巡视一次，巡视时及时发现异常情况。

③ 纠正不安全的睡眠姿势及蒙头睡觉的不良习惯。

④ 窗帘颜色不能太深，室内要保持一定光线，以便保育员看清幼儿的脸。

⑤ 卧室物品摆放整齐。

(3) 如厕的安全措施有以下几点：

① 如厕要分组，每组 5—6 人，避免拥挤。

② 盥洗室地面上的水迹要及时擦干，防止幼儿滑倒。

③ 物品摆放整齐，不乱堆杂物，清洁用品和消毒液放在固定的地方并上锁。

(4) 盥洗的安全措施有以下几点：

① 盥洗时调好水温（40 ℃ 左右），先放冷水，后放热水，先关热水，后关冷水。

② 幼儿洗澡时，成人手不离水源（以防水温过高）；幼儿洗澡要穿上防滑拖鞋，不做危险动作。

③ 盥洗室要有防滑设施，如垫上防滑垫。

④ 消毒药水摆放在安全的地方且要加盖。

⑤ 电源插座、用具要放在固定、安全的地方。

(5) 运动中的安全措施有以下几点：

① 运动前，保育员先要检查场地的安全情况，如场地要平坦、防滑、无积水，打扫干净，不乱堆杂物，再检查运动器械有无损坏。

② 幼儿的运动服装应舒适、宽松；运动前检查幼儿鞋带是否系好，裤脚是否拖地。

▲ 帮助幼儿系鞋带

③ 在运动中提醒幼儿不玩危险物品,不做危险动作,不打闹,不吵架,不狂奔乱跑;及时发现并制止幼儿的危险动作和行为。

此外,保教人员还应加强对危险物品的监管;规范地使用、维护电器设施设备;为幼儿提供安全的活动环境;科学地开展各类运动;家园共育,共同做好幼儿的安全教育和防护工作。

3. 熟知紧急救助程序

在幼儿发生意外伤害或突然患病的紧急情况下,如果教师和保育员能在专业医护人员及家长到达前,对幼儿采取必要的救助措施,将能使幼儿的伤害降低到最低限度,减少幼儿的痛苦,而且当伤害有可能危及幼儿生命时,通过正确的救助,可以挽回幼儿的生命。

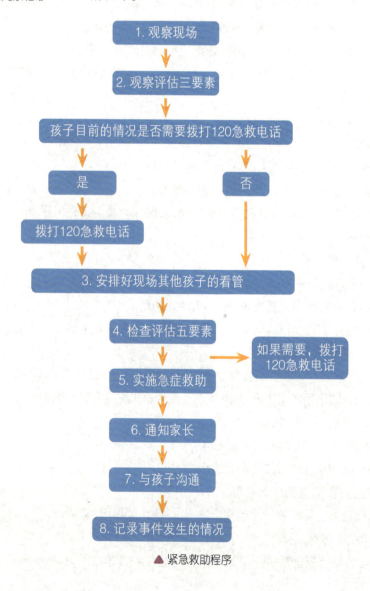

▲ 紧急救助程序

小案例

生日的糖果

3月的某一天,班里有一名孩子过生日,她带来了圆形的各色糖果与同伴们一起分享。老师在班里为她举行了一个小小的生日会,组织大家唱生日歌、说祝福语,并将糖果逐一分发给每一位孩子。当家长来接孩子回家的时候,孩子们纷纷举着糖果欣喜地说:"这是小朋友过生日发给我的糖。"甜甜刚走出教室就急忙拆开手中的糖果,并将它送进嘴里,边吃边奔跑下楼,还和一起放学的同学追逐打闹。突然,只见甜甜一下子停住了脚步,脸色通红,手摸着喉咙的位置。家长立刻送她到保健室,保健员根据症状判断甜甜是被糖噎着了,立即让孩子弯腰,戴好手套用压舌板按压刺激甜甜的咽喉,甜甜在咳嗽的时候终于把糖吐了出来。保健员马上询问甜甜:"你现在感觉怎么样?有没有哪里不舒服?"甜甜似乎也被刚才的情景吓愣了,摇摇头说:"没有。"老师又接着说:"以后吃东西的时候要告诉大人,而且要坐定了吃,吃完了再玩。"并嘱咐家长回家后要注意观察,看甜甜的身体是否有不适的现象,必要时立即上医院进行检查。

分析:

在幼儿园中,除了幼儿带来食品与大家分享外,教师在日常生活中也会给幼儿发一些糖果作为奖励,但会提醒幼儿将糖果带回家吃。然而,当孩子们拿着糖果走出教室与家长一起回家时,就会迫不及待地要吃糖果,经常是边吃边在幼儿园中玩耍,这时就会存在安全隐患。孩子尚处在幼儿期,身体机能发育不完善,且安全及自我保护意识不强,在面对突发状况时不知如何应对和防范,因而易受到伤害。

策略:

(1)要与家长做好沟通,协助幼儿园做好幼儿的安全工作。

(2)建议家长不要带硬糖等食品来幼儿园分发;离园时,向家长告知分发食品的情况,以便家长加强观察及提醒;家长接好幼儿后要关注其活动安全。

(3)在日常生活中,要加强幼儿的安全意识培养。例如,让幼儿讨论一些事例、故事,让他们从中知道:在饮食过程中要坐定、不奔跑,吃完后再玩。

(4)保教人员要掌握一些幼儿急症救助的方法,如遇到幼儿气道阻塞,可在第一时间使用背部敲击法、腹部推压法等对其进行急救处理,以减轻急症对幼儿的伤害。

孩子过生日原本是一件快乐的事情,却因糖果而发生了不愉快,甚至差点导致幼儿发生生命危险,这给教师敲响了警钟——不能忽视幼儿的安全教育。

(提供者:上海市黄浦区荷花池幼儿园 林倩)

第五学期教育见习指导

- 熟悉幼儿园一日活动各环节的组织管理方法,观察并记录来园、游戏、集体教学、个别化学习、户外运动、离园等环节的组织要点。
- 积累与家长沟通和幼儿沟通的初步经验。
- 更新教育理念,积累教育实践经验,培养职业情感,提升综合职业素养,为将来从事一线教育实践工作打下基础。

教育见习内容与要求

- 了解幼儿晨间来园接待的方法、内容及注意事项,学习利用来园接待的时间和家长、幼儿做简短沟通的方法。
- 了解幼儿园游戏活动的类型以及各类游戏的支持与指导方法,协助教师开展游戏活动的准备和组织工作。
- 了解幼儿园集体教学活动的类型、组织流程及教案的规范书写方法,协助教师组织集体教学活动。
- 了解户外运动的要求和内容,掌握开展户外运动时的注意事项。
- 学习幼儿园生活活动中教师的保教指导方法,并协助教师做好生活保育工作。
- 了解离园环节组织与实施的操作要点,有安全意识,防止幼儿走失或被冒领。观察并记录教师在离园环节和家长做简短沟通的方法。
- 尽可能和幼儿交往,进一步了解幼儿的身心特点和语言特点,努力记住本班幼儿的姓名及显著特点;观察并学习保教人员与幼儿沟通、指导幼儿的方法。
- 充分体会认真、负责以及爱心、耐心、细心对于工作的重要意义,树立起全心全意为幼儿服务的思想,并内化为自身的行动。

教育见习安排 共10天

第一天至第三天

完整观摩教师一日工作的全部内容，配合教师做好力所能及的工作；积极与幼儿交往，尽可能多地记住本班幼儿的名字；学习晨间来园接待的方法、内容及注意事项；观察并记录教师在入园环节和家长做简短沟通的方法。书写《记录本》中的"见习记录"，并交指导老师签字。

▲ 与幼儿一起游戏

第四天至第六天

工作内容同上。此外，还要了解幼儿园集体教学活动的类型、组织流程及教案的规范书写方法，协助教师组织集体教学活动；了解幼儿园游戏活动的类型以及各类游戏的支持与指导方法，协助教师开展游戏活动的准备和组织工作。书写《记录本》中的"见习记录"，并交指导老师签字。

▲ 配合教师组织学习活动

第七天至第八天

工作内容同上。此外，还要学习教师在幼儿生活活动中的保教指导方法，并协助教师做好生活保育工作；了解离园环节组织与实施的操作要点，有安全意识，防止幼儿走失或被冒领；学习利用离园环节和家长做简短沟通的方法。书写《记录本》中的"见习记录"，并交指导老师签字。

▲ 组织幼儿离园

第九天至第十天

第九天晚上完成《记录本》中"见习报告"的书写。第十天，与本班幼儿及保教人员进行简单的告别会，上交《记录本》，同时幼儿园对实习生进行见习点评，见习活动结束。

▲ 撰写见习总结

见习结束：见习鉴定及总结

见习结束后，学生完成"见习体会报告"；各班召开以见习为主题的班会，进行见习交流总结；幼儿园完成对学生的见习鉴定；专业部召开见习总结表彰会。

▲ 幼儿园见习总结会

教育见习相关问题与对策

问题 1　幼儿园教育见习应注意什么?

与以往的保育实习不同,本次是教育见习。教育见习是指实习生跟随幼儿教师,了解教师在生活、学习、游戏、运动四大板块的工作内容,它与保育实习的内容是不同的。那么,在教育见习中,我又该做些什么准备呢?我要注意哪些问题呢?

答　虽然经过四次保育实习,我们已初步掌握了保育工作的知识技能,积累了一定的保育实践经验,然而,我们对幼儿园教育教学工作的了解还十分有限,也缺少幼儿教育工作的实践经验。通过本次教育见习,可以让我们进一步提高对幼儿教师工作的认知,熟悉幼儿教师工作的流程与要求,同时积累更多的教育实践经验。我们要做好以下准备,以便自己在教育见习时更快地融入幼儿园集体,获得更好的见习效果。

1. 准备几样"看家本领"

在教育见习时,我们有更多的时间与幼儿相处,这是了解幼儿身心发展特点的绝好机会。其实,与幼儿沟通和交往是有技巧和方法的。在见习之前准备几个"实用小锦囊"能帮助我们更好地与幼儿交往。

(1) 幼儿喜欢的故事,如《三只蝴蝶》、《小红帽》、《小猫钓鱼》、《小蝌蚪找妈妈》等。

(2) 幼儿喜欢的折纸手工,如折小鱼、小猪、小船等。

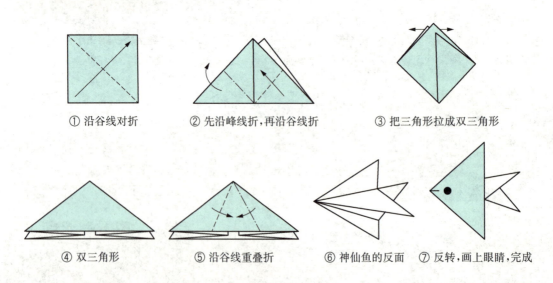

▲ 折小鱼

 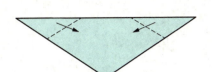 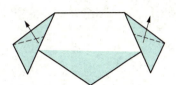

① 将纸沿对角中心线折成三角形　② 将三角形左右两端的两个角向正下方折　③ 将三角形左右两端的两个角向正上方折,折出两个耳朵

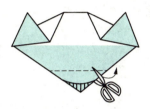 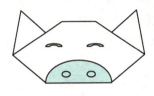

④ 将三角形下端剪成半圆,并向上反折,形成猪头的反面　⑤ 将纸转向正面,画出猪头的眉、鼻,完成

▲ 折小猪

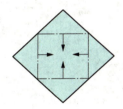 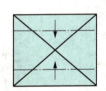 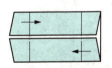

① 四角按箭头所指方向向里折　② 上下两边沿谷线向里折　③ 左右两边再向里折

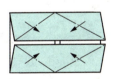 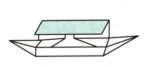 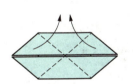

④ 从中间拉开　⑤ 反面折法相同　⑥ 按箭头方向折

 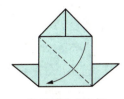 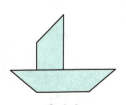

⑦ 翻个身　⑧ 按箭头方向折　⑨ 完成

▲ 折小船

(3) 幼儿喜欢的小游戏,例如:

小案例

金锁银锁

① 游戏需要两人一起进行。

② 一人五指张开,掌心向下平放,另一人单手握拳,伸出一根食指顶住对方的手心。

③ 两人一起念儿歌:"金锁银锁,嘎啦啦一锁!"当念到最后一个"锁"字的时候,张开五指的人迅速去抓对方的食指,抓住为赢。

④ 如果食指没被抓住,还是按照原来的次序和位置进行游戏;如果食指被抓住了,则两人互换游戏位置。

萝卜蹲

孩子围成一个圆圈,一个孩子开始说:"AA(小朋友的名字)蹲,AA 蹲,AA 蹲完,BB(BB 表示另一个小朋友的名字)蹲。"被点到名字的小朋友蹲下,依次类推。

▲ 萝卜蹲游戏活动

▲ 红绿灯游戏活动

红绿灯

老师扮作红绿灯(胳膊上举为红灯,放下为绿灯),孩子扮作汽车。游戏开始,孩子们在行驶中看到红灯立即停止,看到绿灯可以继续行驶,出现错误的返回原点重新开始。

老鼠笼

三分之二的孩子手拉手围成一个圆圈,做成老鼠笼,其余的孩子扮演老鼠。游戏开始,所有的孩子一起说:"老鼠,老鼠坏东西,半夜出来偷吃米,我们搭个老鼠笼,咔嚓一声抓住你。"扮演老鼠的孩子在圆圈外围以 S 形绕着跑。当说到"抓住你"的时候,圆圈上的孩子一起把手放下,在圈中的孩子即被抓住。

(提供者:上海市黄浦区荷花池幼儿园 童佳丽)

2. 深入理解保教结合的理念

保教结合是我国幼儿教育的一大特色,也是幼儿园一贯坚持的原则。保育工作的内容已经从传统的"保证幼儿身体正常发育"扩展到"促进幼儿个性发展和社会适应能力的提高",从"安全保护与卫生"扩展到"实施教育过程中的生理、心理和社会保健",保和教是教育整体的不同方面,同时对幼儿产生影响,因此要注重保教结合。

保教结合需要教师和保育员通力合作,形成一个平等、融洽的团体,共同制定班级工作计划,共同开展各项活动,实现"教中有保,保中有教"的教育目标。教师要时刻拥有保育意识,并把保育内容融合在教育活动的各个环节中;保育员则应积极配合教师,在做好保育工作的同时达到教育要求。

此次教育见习的目标之一就是了解教师的工作内容及要求,以帮助我们在保育工作中更好地落实保教结合的原则。

问题 2　幼儿教师的主要岗位职责是什么?

通过前面四个学期的保育实习,我们已经明确幼儿一日生活各环节的保育工作要求。然而,本次是教育见习,是让我们了解教师的工作内容及要求的。那么,幼儿教师的岗位职责主要包括哪些呢?

答　幼儿教师既是幼儿健康的保护者,又是幼儿发展的引导者、支持者,也是幼儿教育的研究者。幼儿教师的工作是科学与艺术的结合,需要爱心、责任心、细心和耐心,以及一颗永久的童心。幼儿教师的主要工作职责包括以下几点:

(1) 确保本班幼儿的安全和健康。关注本班每一位幼儿在各个活动环节中的身心健康状况,保证其人身安全、情绪情感状态良好。

(2) 制定和执行教育工作计划。根据幼儿园一日生活与学习作息安排,与班内保教老师有效合作,有序组织各类丰富多样的教育活动。顺应本班幼儿的个别化发展需求,注重观察、分析与记录本班幼儿的发展情况,并在此基础上,科学制定后续的教育计划,力求通过不同的活动形式促进本班幼儿的全面发展。

▲ 给幼儿讲故事

▲ 幼儿园家长活动

（3）做好家园共育工作。根据本园的教育理念、活动开展等情况，与家长进行积极的沟通；针对家长的育儿困惑，积极为其提供科学的专业答疑，家园共同配合采取个别化的教育措施；日常及时与家长沟通相关信息，定期组织向家长开放的教育活动，做到幼儿园、家长、教师信息沟通的一致性。

（4）积极参加教研活动和业务学习活动，不断改进教学形式和方法，提高专业素养和能力。

与幼儿教师工作相关的指导文件

在进行教育见习前，我们可以阅读与幼儿教师工作相关的指导文件，从而对幼儿教师的岗位职责有更具体的认识。例如：《幼儿园工作规程》《幼儿园管理条例》《3—6岁儿童学习与发展指南》《幼儿园教育指导纲要（试行）》《幼儿园教职工配备标准（暂行）》《上海市学前教育课程指南（试行）》《上海市3岁以下幼儿托育机构设置标准（试行）》等。

问题 3　与幼儿沟通互动有哪些小窍门？

实习时，我感觉学习保育操作技能和方法比较容易，但当与幼儿交往时，我往往会无所适从，不知道该如何与幼儿沟通与交流。那么，与幼儿沟通有什么方法和窍门吗？

答　处于幼儿园阶段的幼儿没有足够的能力表达自己在生理和心理上的需求，需要我们与幼儿进行良好的沟通互动才能真正了解他们的想法和感受。以下技巧可以帮助我们更好地与幼儿沟通互动。

1. 认真倾听与应答

当幼儿跟你说话时，应放下手中的事情，看着他们的眼睛，这样能让他们感受到自己被重视。在倾听幼儿说话时，要不时地给予他们应答，如"是的""对的""这样啊"。教师认真的倾听能增加幼儿表述的信心，不时的回应能鼓励幼儿继续说下去。

2. 肯定幼儿的心情，说出幼儿的感受

当幼儿心情不好，或者害怕、紧张时，与其简单地鼓励，不如先肯定他的内心，然后再鼓励，这样效果更佳。如当幼儿因怕打针而紧张甚至哭闹时，我们可以对他说："打针是有一点不舒服，我小时候也害怕打针，但后来我变勇敢了，就不哭了。宝宝也是个勇敢的孩子，不怕打针的，对不对？"

3. 肯定幼儿的努力

当幼儿努力做一件事情，但总是做不成功时，他们可能会沮丧地哭泣。这时，我们需要说出幼儿的感受，肯定他们的努力。

4. 故意充当"弱者"

成人在幼儿心目中是无所不知的，是他们崇拜的对象。当我们偶尔充当弱者，向幼儿寻求帮助时，幼儿会喜出望外，因为他们能感受到自己的重要性。

5. 重视幽默的力量

幽默的氛围能给人带来快乐，和幼儿打交道也需要使用幽默的手段。比如，有个小班的孩子中午起床后不愿意自己穿衣服，依赖老师帮他穿好。于是，老师故意把裤子穿在他的胳膊上，或者把袜子穿在他的手上，之后，孩子用很夸张的表情告诉老师穿错了，老师便装糊涂地请他自己修正穿法。从此，这个孩子就能自己穿衣服了。

6. 以退为进

幼儿任性的时候，正面教育往往起不到作用。这时候可以以退为进，先说说幼儿好的一面，稳定好幼儿的情绪，然后再循序渐进地指出幼儿需要改正的地方。

▲ 与幼儿沟通

▲ 与幼儿一起玩游戏

小案例

藏起来的大拇指

国庆长假结束后的一个中午，孩子们终于全都睡了下去，我开始来回巡视，忽然看到然然的小床上拱起一个大山包，不由好笑地蹲下来，轻轻地拍了拍他："然然，躺平睡，把头伸出来，这样多难受呀。"但然然扭了扭，不肯把头伸出来。我又拍了拍他，"不可以呀，快点，小余老师帮你把被子拉下来了哦。"在我把被子拉下来的那一瞬间，我看到然然快速地把大拇指藏了起来，不情愿地把头转了过来。我心里有一点怀疑，想起然然妈妈在上午特意发给我的短信：因为然然特别爱吮大拇指，所以在国庆节的七天假期里,她通过给然然涂苦药水的方法已经让他基本不吮大拇指了,希望老师多关注。我想,是不是因为然然心理上还是非常依恋吮吸的行为而在被子里偷偷地吮大拇指呀?

看着他游移不定的目光,我装作什么也没发现,说:"然然,你刚刚都快变成毛毛虫了,扭啊扭啊。"逗得然然笑弯了眼。

我又说:"对了,今天小余老师还没表扬你呢。"

我故意停顿了下来,只见然然睁大了眼睛看着我,好像在说"怎么了"。

"听妈妈说,你国庆里有个大大的进步,现在都不吃大拇指了,对吗?"然然有点难为情地点了点头,轻轻地"嗯"了一声。

我很好奇地问:"怎么这么厉害呀!你是用什么办法做到的?下次我要介绍给小班的弟弟妹妹。"

然然说:"妈妈给我涂了苦苦的药水,太苦了,后来我不想吃(手指)了。"

"噢……"我拖长了音,给了他一个大拇指:"真是小男子汉,不怕苦,而且很勇敢。你一定不会再吃大拇指了,对吧?"

然然有点不好意思地笑了,又点了点头。

我轻轻地拍了拍他,"宝贝,快睡吧,小余老师陪陪你。"

他安静地闭上了眼睛,刚开始翻来覆去,似乎难以入睡。他把小手塞进了枕头底下,似乎这样就不会再去吮大拇指了。我的心里充满了感动,哪怕这样小的孩子,也会在别人的鼓励下为了自己的目标而努力。我轻轻地拍着他,慢慢地,然然睡着了。

(提供者:上海市黄浦区荷花池幼儿园 余晓琦)

小贴士

(1)与幼儿交谈说话时,教师可蹲下身体,与幼儿的目光保持平视。

(2)教师要学会投其所好,了解幼儿的兴趣爱好,与幼儿交谈他们感兴趣的话题,从而激发幼儿交流的兴趣。

(3)面向全体幼儿,教师应充分利用一日活动中的时间,尽可能与每一个幼儿进行单独的、简短的交流,从而使他们感受到教师的爱和关心,增强安全感,愿意与教师接触。

(4)当幼儿说话时,教师要善于做一个倾听者,不轻易打断幼儿,要等幼儿说完再说。

(5)与幼儿交流时要多赞美,少批评。教师要善于发现每个幼儿身上的闪光点,多赞美幼儿,这是幼儿成长的润滑剂,可以增强幼儿的自尊和自信。

(6)与幼儿沟通的时候,教师的语言要有趣味性。例如,由于小班幼儿自理能力比较差,经常将鞋子穿反,因此,在教幼儿分清左右脚时,可以这样告诉他们:"左边的鞋是鞋爸爸,右边的鞋是鞋妈妈,爸爸和妈妈是一对好朋友,永远不吵架。"这种节奏明快的语言能让师幼间的沟通更顺畅。

问题 4　幼儿园为什么要自制玩教具？玩教具制作的标准是什么？

在幼儿园进行教育见习时，协助教师制作玩教具也是一项重要的见习任务。在物质条件已经很丰富的当下，为什么还要教师自制玩教具呢？自制玩教具有哪些需要遵循的标准吗？

答　因地制宜、就地取材地为幼儿自制玩教具是我国幼儿教育的优良传统。自制玩教具是幼教工作者的一项重要技能，因此在教育见习时，我们也要努力习得这一技能。

1. 幼儿园自制玩教具的意义

（1）具有即时性，从幼儿的真实需要出发。幼儿园教育教学工作所需要的玩教具并不是都可以从市场里找到。幼儿园教师可根据本园、本班幼儿开展游戏活动和教育教学工作的实际需要自制玩教具，一方面可以弥补市场上商业玩具的不足，另一方面也可以为幼儿创造更适宜的游戏和学习条件，促进幼儿的学习和发展。

▲ 墙面上的自制玩教具

（2）具有可变性，符合可持续发展的理念。如果说，在幼儿园教育资源不足的情况下自制玩教具是一种不得不为的选择，那么，在今天建设节约型社会，促进环境、经济和社会的可持续发展的背景下，自制玩教具就成为我们履行人类和社会发展责任的一种主动的、自觉的选择。幼儿教师通过自制玩教具使废旧材料得到合理的利用，不仅有助于节约资源、保护环境，也有助于从小培养幼儿可持续发展的意识、态度和责任感，可以成为幼儿可持续发展教育的重要途径。

（3）具有多元性，有利于发扬传统文化。幼儿教师自制玩教具，是社会文化传承的重要途径。自制玩教具的创意往往来自节庆活动、传统习俗、民间游戏等本土文化资源，在取材上往往利用当地的自然材料，对于幼儿了解我国传统文化、本地文化及生活习俗具有独特的作用。例如，端午节的布老虎、中秋节的兔儿爷、清明节的风筝、元宵节的花灯、春节的舞龙等自制节庆玩具，有助于幼儿认识和了解我国的传统文化和生活习俗。

▲ 增添传统节日的氛围

（4）具有专业性，有利于促进教师的专业化发展。玩具既然是幼儿的"课本"，幼儿教师就应当像钻研文字教材那样去研究玩教具，以充分发挥玩教具的发展价值与教学潜能。根据本班幼儿游戏和学习的需要选择和制作适宜的玩教具,为幼儿的游戏和学习创造适宜的条件,是幼儿教师重要的专业技能。幼儿园开展玩教具制作和利用的教研活动,可以促进教师的专业化发展。

2. 自制玩教具的标准[①]

教育性、科学性、趣味性、创新性、简易性、安全性是评价幼儿园自制玩教具优秀与否的标准。

(1) 教育性。玩具是幼儿最亲密的伙伴,也是幼儿学习的重要资源,是幼儿的"教科书"。从古至今,玩具在给幼儿带来快乐的同时一直承担着"教育者"的角色。因此,教育性是玩具的基本特性之一。自制玩教具的教育性可体现在以下几方面。

① 幼儿能做的就不要代替他们去做。幼儿园自制玩教具的"教育性",首先应当体现在"鼓励幼儿积极主动地参与"上,教师不要代替幼儿做他们能做的事情。《幼儿园工作规程》指出,"幼儿园应当将环境作为重要的教育资源,合理利用室内外环境,创设开放的、多样的区域活动空间,提供适合幼儿年龄特点的丰富的玩具、操作材料和幼儿读物,支持幼儿自主选择和主动学习,激发幼儿学习的兴趣与探究的愿望。"

② 考虑自制玩教具的适宜"用途"。幼儿园自制玩教具的"教育性",还应当体现在根据幼儿园的课程目标和内容来考虑自制玩教具适宜的"用途"上,即充分发挥自制玩教具的作用,促进幼儿的学习和发展。要避免为做玩教具而做玩教具的倾向。

(2) 科学性。

① 知识、概念与原理正确。相当多的幼儿园自制玩教具属于教育性玩具。教育性玩具通常包含一定的学习任务,它把抽象的概念具体化,让幼儿通过操作来学习和理解抽象的概念。应当说,它更像"教具"或"学具",其"教育"功能大于"娱乐"功能。

② 符合幼儿身心发展的特点和水平。幼儿园自制玩教具的"科学性",还应当从它是否符合幼儿身心发展的特点和水平,是否符合幼儿身心发展的客观规律来评价。从当前幼儿园自制玩教具的情况来看,有必要注意避免幼儿园自制玩教具小学化甚至中学化的倾向。在自制玩教具时,要考虑玩教具所承载的知识、概念和原理是否是幼儿在学前教育阶段需要去学习的,以及幼儿是否能够真正理解这些知识、概念和原理。

(3) 趣味性。玩教具的"趣味性"要求玩教具的设计者、制作者以儿童为中心,体现"童心""童趣"。富有"趣味性"的玩教具,首先要在色彩、造型等外观因素上受到幼儿喜爱,符合幼儿的审美情趣;其次,在玩法上要能激发幼儿的活动兴趣,操作过程有趣,具有可探索性。简言之,富有"趣味性"的玩教具要既好看又好玩。

(4) 创新性。幼儿园自制玩教具的"创新性"主要表现在以下两个方面:一是构思新颖。自制玩教具在外形、结构、使用方法以及所用的材料等方面要独具一格或能推陈出新。二是有利于幼儿想象和创造。一般来说,具有形象性、开放性的玩教具有利于激发幼儿的想象和创造。

[①] 刘焱.幼儿园自制玩教具活动的意义、指导思想和评价标准[J].学前教育研究,2007(9):24—30.

(5) 简易性。幼儿园自制玩教具不同于商品玩教具的地方正在于其"简易性"。这种"简易性"表现在两个方面：一是就地取材,体现地方特色,成本低廉;二是制作方法简单,使用方便。

(6) 安全性。玩具可以给幼儿带来快乐,但劣质的玩具也可能成为"杀手",给幼儿带来伤害。在玩具伤害中,常见的是被玩具的锋利边缘割伤、被玩具武器(如玩具枪、弹弓等)打伤或从玩具(如木马)上跌落下来,以及因吞食玩具或将玩具的小零件塞入鼻(耳)中而导致伤害。

自制玩教具在"安全性"方面的评价应当参照国家关于玩教具的安全、卫生标准,确保在材料使用、外形结构设计、制作方法、操作方法等方面不会对幼儿造成伤害。具体包括以下几方面：

① 自制玩教具所用的材料不应含有有毒物质,不应使用受过污染的材料。幼儿园自制玩教具往往使用较多废旧材料,在使用前应当采用适宜的方法对这些材料进行消毒,以确保其不会对幼儿的身体健康和安全造成不良影响。

② 自制玩教具所用的材料和制成品不应有可能割伤或刺伤幼儿皮肤或眼睛的尖锐的角、锋利的边缘,或有可能夹住幼儿手指、头发或皮肤的裂缝。

③ 自制玩教具如果采用电动或机械装置,要防止漏电,机械部分应牢固地安置于玩教具的腔体中,在任何时候或位置都不会因打开而掉出来。

④ 自制玩教具(包括零配件,例如玩偶的眼睛、鼻子、扣子、汽车的轮子等)的体积不能过小,零配件应不易松脱,不能带有长线(长度不超过30厘米),以免幼儿因吞食而窒息,或因把玩教具塞入耳、鼻中,被长线缠住脖子而造成意外伤害。

⑤ 填充类自制玩教具应注意采用质量较好的填充材料和不易破裂的表面材料,缝制要牢固,避免因表面破裂而造成填充物被幼儿误食的情况。最好不要选用长毛绒等材料制作玩教具。

⑥ 自制玩教具要考虑制成品的大小和重量等。玩教具的大小以适合幼儿把握为宜,过分细小或过重的玩教具都不适合幼儿。

⑦ 选用的材料应当有利于环境保护和可持续发展。

小案例

滚筒乐（小班）

类别： 运动类。

设计意义：

(1) 利用器材有声响、能滚动的特点,引起幼儿运动的兴趣,帮助小班幼儿在操场上进行快速走动、奔跑的运动锻炼。

(2) 在"滚筒乐"上贴上魔术贴,让其能粘贴不织布,使游戏带有情境性、目的性,增添幼儿运动的趣味性。

(3) 材料简单、牢固,方便幼儿反复、多组合地进行游戏。

▲ 游戏材料

制作方法：

（1）将奶粉罐洗干净，在罐子的盖子和底部中央打出直径3—5厘米的对称的洞。

（2）在奶粉罐里装上会发出声响的东西。

（3）将PVC管子衔接成图中造型，并将一根PVC管子穿过奶粉罐的两头。

（4）在奶粉罐周围安装魔术贴。

玩法：

1. 小车跟我走

幼儿将"滚筒乐"器械当成自己的小车，拉着、推着它在操场上走、跑。

▲ 小车跟我走

2. 捉小虫

在操场上洒一些用不织布做成的"毛毛虫"，幼儿将"滚筒乐"器械当成捉小虫的工具，在为小草捉小虫的游戏情境中快速走动、奔跑，推动、拉动"滚筒乐"，想办法用滚筒粘住"毛毛虫"。通过该游戏能发展幼儿下肢和上肢的运动能力。

▲ 捉小虫

（提供者：上海市黄浦区荷花池幼儿园　余洁）

音乐楼梯（小、中班）

类别： 音乐类。

设计意义：

(1) 通过身体的律动结合对音高的感受，增添幼儿倾听音高变化的兴趣。

(2) 愿意在拍拍、按按的游戏中，感受音高的变化，喜欢跟着声音哼唱。

(3) 结合"音乐楼梯"材料，配合提供各种音高的图谱，让幼儿按出有旋律的乐曲或歌曲，在活动中感受音乐美妙的变化。

制作方法：

(1) 利用盒子拼搭出7层阶梯的楼梯状造型。

(2) 为"音乐楼梯"涂上与7种不同音高的手按铃一样的颜色，并在周围贴上KT板进行装饰。

(3) 将带有音高的7个手按铃装在"音乐楼梯"上。

▲ 游戏材料

玩法：

(1) 幼儿随意拍拍手按铃并跟着唱唱。

(2) 在"音乐楼梯"旁的地上画上相同颜色的圆圈。2人或3人一起玩，一人拍手按铃，另一人跳到相应颜色的圈圈上，并跟着手按铃的音高哼唱。

▲ 一人拍手按铃，另一人跳到相应颜色的圈圈上

(3) 提供音乐图谱，尝试按照音乐图谱上的音高、节奏拍按手按铃，还可以在地面上的圆圈中跳出图谱上的乐曲。

(4) 提供一些小乐器，和"音乐楼梯"一起进行乐曲演奏游戏。

▲ 提供一些小乐器

（提供者：上海市黄浦区荷花池幼儿园　谢雨卉）

弹力水球（中、大班）

类别： 益智类。

设计意义：

（1）科学性和趣味性。运用注满水的水箱，让孩子在按按、吹吹、试试、玩玩的过程中，对水的特性有直观的体验。既能在走棋过程中感知水的弹力，又能在其他游戏中观察水的浮力。

（2）元件组合灵活多变，具有无限创意。玩具的基本元件是由三张不同的游戏谱（棋子游戏谱、轨道游戏谱和吹吹乐游戏谱）组成的。孩子借助吸管、嘴、手、骰子等进行自由游戏，使游戏更具灵活性，丰富了玩法。

（3）游戏挑战性较强，对孩子的耐心和专注度的培养尤为明显。

（4）本作品所需的制作材料常见，制作方法简单，玩法多样，易于推广。

制作方法：

▲ 游戏材料

（1）在游戏水箱上制作游戏底盘：按游戏水箱大小将涤纶纸切割成长方形，并将其四周翻折，使之能够附和粘贴在游戏水箱的四边。再在涤纶纸上挖 48 个（6×8）横竖对齐的球洞。球洞的大小比塑料乒乓球略大一些，且控制在直径 5 厘米以内。

（2）制作游戏谱：根据不同的玩法将塑封纸剪裁出不同数量的球洞，注意球洞的大小要与游戏底盘相同，并根据玩法在游戏谱上粘贴不同的即时贴。

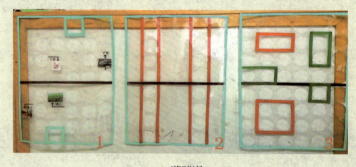
▲ 游戏谱

（3）游戏时可按照需求放置游戏谱，选择骰子、吸管等材料，最后再放入所需数目的乒乓球。

玩法：

1. 棋乐无穷

（1）幼儿两人为一组，选择不同的棋谱进行对战游戏。

(2) 每人选择一个不同颜色的球,开始游戏。

(3) 先利用骰子确定步数或自定步数,然后用手推压水中的球,使球弹到另一个球洞。谁的球能先到达对方的"家",就为胜利者。

▲ 棋乐无穷

规则与注意点: 两位玩家每人轮流走棋,并遵守棋谱中后退与前进的规则。

2. 竞速水球

(1) 幼儿两人为一组,选择竞速游戏谱。

(2) 每人选择一个不同颜色的球,开始游戏。

(3) 双方从同一起点出发,沿着轨道走球。有的球能连弹两步,有的球可能会倒退,看看谁的球能先到达终点,先到者为胜。

规则与注意点: 两位玩家须按照自定规则轮流走棋。

3. 吹弹球舞

(1) 幼儿两人为一组,选择红绿游戏谱。

(2) 每人选择一个不同颜色的球,开始游戏。

(3) 用嘴巴或吸管吹动水中的球,使劲吹,看看棋盘中间的球会先被吹到谁的"家",先到者为胜。

▲ 竞速水球

▲ 吹弹球舞

规则与注意点：

（1）游戏谱中红绿区域所代表的含义可由幼儿自行决定。

（2）使用吸管吹球时，切勿将吸管离水面太近或插入水中，以免幼儿口腔吸入水，导致咳嗽。

（3）在用嘴吹球时，请保持一定的距离，防止水溅入眼睛。

（提供者：上海市黄浦区荷花池幼儿园　唐玉婧）

第六学期保育顶岗实习指导

保育实习目标

- ☑ 熟悉并遵守实习园保育工作的各项制度和要求,能在指导老师的督查下,独立承担保育员角色,全方位履行保育员的工作职责。
- ☑ 贯彻保教结合的原则,学会基本的保育工作方法,掌握基本的保育工作技能。
- ☑ 更新教育理念,积累保育经验,提升专业素养,增强职业意识和职业情感,为日后的就业打下基础。

保育实习内容与要求

- ☑ 总结保育员主要的岗位职责及素质要求。
- ☑ 概括幼儿一日活动各环节的保育任务、工作规范要求,探索保育工作的规律和技巧。
- ☑ 能根据幼儿的身心发展特点和个体差异,独立组织好幼儿的一日生活。
- ☑ 学习晨、午检及全日观察的方法,尝试鉴别因常见病、传染病和意外伤害等引起的幼儿身体异常情况,并学会正确的应对方法。
- ☑ 能护理特殊儿,并做好护理记录。
- ☑ 能在指导老师的指导下对幼儿进行观察、记录,并做简单的分析,进而逐步掌握分析幼儿常见问题的方法,培养保教能力。
- ☑ 能记录指导老师在一日生活各环节中的工作内容、工作方法,掌握记录的要领,逐步提高记录的能力。
- ☑ 能配合教师制作玩教具,进行教室环境布置。
- ☑ 能规范填写实习日志、撰写实习报告,并对自身的保育工作进行反思。

顶岗实习安排 共5个月

第一个月

在指导老师的带领下开展保育工作。根据幼儿的身心发展特点和个体差异，采取适当措施，以促进幼儿身心正常发展；学习保育规律和保育工作技巧。书写《记录本》中的"实习记录"，并交指导老师签字。

▲ 指导幼儿洗手

第二至第三个月

▲ 实习生撰写保育实习记录

在指导老师的指导下开展保育工作。学会晨、午检和全日观察的方法；尝试鉴别因常见病、传染病和意外伤害等导致的幼儿异常情况，并学会紧急处理和应对的方法；学会护理特殊儿童；学会撰写日常保育护理记录。书写《记录本》中的"实习记录"，并交指导老师签字。

第四个月

在指导老师的监督下独立完成保育工作。学习分析幼儿常见病、多发病和常见意外伤害产生的原因；分析指导老师成功的保教案例，分析自己成功或失败的保育案例，进而逐步掌握分析问题的方法，培养保育能力。书写《记录本》中的"实习记录"，并交指导老师签字。

▲ 为幼儿盖好被子

第五个月

▲ 顶岗实习汇报

书写《记录本》中的"顶岗实习报告"，上交《记录本》选择合适的时间进行保育实习汇报，包括：向园领导及全园保育老师进行规范操作展示、成功保育案例汇报、保育实习体会汇报及园所要求的其他汇报等。

实习结束

完成"实习体会报告"；各班召开以实习为主题的班会，进行实习交流总结；实习单位完成对学生的实习鉴定；专业部召开实习总结表彰会。

▲ 优秀实习生经验分享

顶岗实习相关问题与对策

问题 1　幼儿园顶岗实习应注意什么？

转眼五个学期已过去了，本学期是在幼儿园进行保育顶岗实习。要想圆满完成实习任务，为就业做好准备，我在顶岗实习期间要注意哪些问题呢？

答　顶岗实习要持续一个学期，对我们来说是一个巨大的挑战。我们需要做好以下两个方面的准备，从而更好地适应实习，为将来的就业做好准备。

1. 做好吃苦的心理准备

顶岗实习意味着需要我们独立完成班级的保育工作，这是从学生到职业人的转变，这个过程是艰难而痛苦的。尤其是在一开始，我们要面临工作任务重及自身缺乏实践工作经验的双重压力。因此，我们一定要做好心理准备，告诉自己困难和压力是暂时的，只要坚持下去，一切都会好起来的。以下建议能帮助我们更好地度过这段时间。

（1）适当地延长上班时间。上班早到一会儿，下班晚走一会儿，这样就有更多的时间完成工作任务。

（2）多向别人请教和学习。保育工作是有窍门的，我们要经常向有经验的保育老师学习，不断积累工作经验，从而更好地掌握保育工作的规律和技巧。

（3）工作中注重反思。我们在工作中要注重反思，要多琢磨，不断摸索出科学、合理的工作方法。

（4）多倾诉，寻求支持。幼儿园刚开学的那段时间，自己会很忙、很累，压力很大，这时要多向自己的父母、朋友、指导老师倾诉，及时排解自己的压力和不适感。

2. 积极主动地与他人交往

在以往的实习中，我们都是几个人甚至十几个人在同一个幼儿园，大家一起来一起走，因为有同学在身边，我们会觉得自信很多。但是，本次是顶岗实习，大家选择的是距离自己家相对较近的幼儿园，所以有可能一个幼儿园里只有自己一个实习生。由于没有了同伴，我们往往会觉得孤单、不自信。在这种情况下，我们要学着慢慢地融入幼儿园，这样才能有开心充实的实习生活，才能学到更多的知识和技能，同样幼儿园也会更加欣赏你，愿意接收你成为正式员工。具体的方法有以下几点：

▲ 实习生正在认真学习

(1) 早上在指导老师之前到园，做好班级的清洁消毒工作。
(2) 与人亲切、礼貌地打招呼。
(3) 不在他人面前评价自己的指导老师。
(4) 不怕苦、不怕累、不抱怨。
(5) 以诚待人，主动破冰。

问题 2　如何进行职业发展规划？

本学期顶岗实习结束后，我就要毕业了，我觉得很茫然，未来的路要怎么走呢？

答　经过半年的顶岗实习，同学们已经适应了工作的节奏，基本能胜任保育工作，但这个时候依然会感到茫然。因为保育员的工作太累且简单重复，这使得有的同学渐渐失去了工作动力，甚至想转岗。其实，这都是没有目标和规划的表现，因此，同学们要做好自身的职业发展规划。

1. 喜欢保育工作，立志做一名优秀的保育工作者

我们在工作中要注重积累经验，不断提高自身的保育技能和技巧。保育工作者不仅要全面、细致地照顾幼儿的一日生活，而且还要配合教师帮助幼儿养成良好的行为及生活卫生习惯，培养幼儿的独立生活能力和自信心，使幼儿终身受益。因此，我们要在工作中深入理解保教结合的内涵，做好各项保育工作，最终成为一名优秀的保育工作者。

2. 不满足于保育工作，想要成为一名幼儿教师

我们在做好保育工作的同时，还要多多辅助教师的工作，在实践中了解和学习幼儿教师的工作内容和方法。利用周末和假期的时间参加函授班或自学考试等，提高自己的学历，并考出幼儿教师资格证，为成为一名真正的幼儿教师做好在学历和实践方面的准备。此外，我们也可以通过升学考试升入更高一级的学府深造。

问题 3　如何在实践中贯彻保教结合理念？

在本次实习中，我们除了要做好保育工作，还要参与教师组织的教学活动和游戏活动，根据教师的需求，配合教师做好组织指导工作，切身体会保教结合原则的真正含义。我在工作中应如何贯彻保教结合的原则？

答　保教结合是我国幼儿教育的一大特色，也是幼儿园一贯坚持的原则。

要"注重保教结合"，不仅要将"一日生活的组织与保育"作为重要的专业领域要求，而且还要能合理安排和组织一日生活的各个环节，科学照料幼儿的日常生活，做好班级常规卫生

保健工作。此外,还要能充分利用一日生活中的各种教育契机,将教育灵活地渗透到一日生活中,对幼儿进行随机教育,以将保教结合原则落到实处。具体的内容有以下几点:

▲ 配合美工教育活动

▲ 进餐活动中的保育

1. 进餐活动

(1) 保育工作如下:

① 幼儿餐桌及操作区的清洁消毒。

② 领取餐点食物、器皿,均匀、有序地分发饭菜。

③ 指导中、大班值日生协助做好分发餐具、餐巾等餐前准备工作。

④ 播放优美的进餐音乐。

⑤ 组织幼儿有序、规范地盥洗。

⑥ 针对进餐特殊儿(如挑食儿、过敏儿、营养不良儿、肥胖儿等)的不同情况,进行相应的保育护理。

⑦ 幼儿用餐完毕后,清洁桌面和地面,收拾好碗筷并送至营养室。

(2) 教育工作如下:

① 开展餐前教育活动,介绍当日饭菜的名称和营养价值以及进餐的文明习惯、礼仪等。

② 提醒幼儿进餐时不喧哗,细嚼慢咽。

③ 帮助幼儿养成爱清洁、讲卫生的好习惯。

④ 帮助幼儿养成不浪费粮食,保持桌面整洁的好习惯。

⑤ 帮助中、大班幼儿养成餐前分发餐具,餐后主动收整的劳动习惯。

⑥ 及时纠正幼儿的不良进餐姿势与习惯,帮助其养成良好的进餐习惯,如专心用餐点、餐后漱口、正确使用毛巾擦嘴等。

2. 饮水活动

(1) 保育工作如下:

① 准备好卫生、充足、温度适宜的饮用水。

② 以幼儿喜欢的方式呈现饮水规则,并将规则张贴在幼儿取放水杯和接水的位置。

③ 照顾幼儿每日喝足够量的水,鼓励其多喝白开水。

④ 提醒幼儿口渴时自己接水喝。

▲ 幼儿饮水

(2) 教育工作如下：

① 介绍饮水和健康的关系，强调饮水的重要性，引导幼儿喜欢喝白开水。

② 养成杯口向上，双手拿水杯或单手握水杯柄的好习惯。

③ 指导幼儿养成有序、安静、卫生、节约用水等良好的饮水习惯。

④ 培养幼儿主动饮水的习惯。

3. 睡眠活动

(1) 保育工作如下：

① 根据不同季节要求，创设整洁、舒适、安全、卫生的睡眠环境。保持卧室空气清新、温度适宜、光线柔和。

② 提醒幼儿睡前如厕，安静进入卧室，不将小玩具等不安全的物品带入卧室。

③ 指导和帮助幼儿按正确的顺序脱衣服，整理衣裤。

④ 入睡 15 分钟后，打开门窗，保持室内空气流通。安抚幼儿入睡，细致观察幼儿的午睡情况，并做好午睡观察记录，如发现异常要及时应对。起床 15 分钟前，关闭门窗，保持室内温暖。

⑤ 指导和帮助幼儿按正确的顺序穿衣服。

⑥ 根据幼儿的年龄特点，组织并指导幼儿做好起床整理。

▲ 护理午睡中的幼儿

⑦ 做好卧室的清洁、整理工作。

(2) 教育工作如下：

① 教育幼儿不把危险物带入卧室，保持卧室的安静。

② 提醒幼儿安静午睡，不影响同伴休息。

③ 引导幼儿将衣物鞋袜放在指定的位置，并摆放整齐。

④ 从中、大班开始，设立午睡"小当家"，培养幼儿的独立生活能力。

4. 如厕

(1) 保育工作如下：

① 做好如厕的物质准备，保持厕所地面干燥，空气清新，便池洁净、无异味。提供数量充足、大小适宜的手纸。

② 分批或者根据幼儿需要灵活组织幼儿如厕。

③ 帮助年龄小或有困难的幼儿擦便、整理衣裤。

④ 及时回应幼儿的如厕需求,帮助弄脏衣服、身体的幼儿做好擦洗工作,及时为其更换衣服,快速清理被幼儿弄脏的衣物。

⑤ 幼儿午睡后及离园后,分别对厕所进行彻底清洁、消毒。

(2) 教育工作如下:

① 教育幼儿不浪费手纸。

② 培养幼儿主动如厕,便后冲厕、洗手的良好习惯。

③ 培养幼儿保护身体私密部位的安全意识。

5. 盥洗活动

(1) 保育工作如下:

① 为幼儿准备好便于取用的毛巾、肥皂(洗手液)、护肤品,以及充足、温度适宜的流动水,并检查地面是否干燥、防滑设备是否完好。

② 引导幼儿正确、有序地盥洗,适时帮助能力弱的幼儿。

③ 幼儿盥洗后及时清理盥洗室的台面和地面,保持其干燥,避免幼儿弄湿衣服或滑倒。

(2) 教育工作如下:

① 向幼儿强调盥洗的安全、卫生要求以及其他注意事项。

② 指导幼儿正确、有序地盥洗,掌握正确的洗手、洗脸、洗头、洗澡、洗臀、洗脚的方法。

③ 引导幼儿养成饭前便后、外出前、回来后、手脏后洗手的好习惯。

④ 引导幼儿有序进入盥洗室,不在盥洗室大声喧哗吵闹,不追逐嬉戏。培养幼儿盥洗时不玩洗手液、不玩水、不浸湿衣服等好习惯。

⑤ 培养幼儿节约水资源的环保意识。

6. 户外活动

(1) 保育工作如下:

① 观察幼儿的活动情况,注重个别差异,关照体弱幼儿。

② 提醒幼儿动静交替、调整活动量、及时增减衣服。

③ 及时为有需要的幼儿垫汗巾。

④ 提醒幼儿在需要的时候喝水。

⑤ 观察幼儿的运动情况,防止意外事故发生。

▲ 照顾爱出汗的幼儿

⑥ 指导、协助幼儿整理运动器械、材料。

⑦ 提醒幼儿运动后洗手、喝水。

(2) 教育工作如下:

① 对幼儿进行安全教育和常规教育,引导幼儿学习基本的自我保护方法。

② 鼓励幼儿在活动中克服困难,培养幼儿坚持、勇敢、合作等品质。

③ 陪伴幼儿一起运动。指导幼儿用正确的方法活动身体,及正确使用各种运动器械的方法。

7. 游戏活动

(1) 保育工作如下:

① 合理安排游戏场地,提供适宜、丰富、能满足幼儿游戏需要的材料,并根据幼儿游戏的情况及时调整或更换材料。

② 做好游戏材料的消毒工作,保证游戏材料安全、卫生。

③ 引导幼儿有序取放游戏材料,整理收拾游戏材料与环境。

(2) 教育工作如下:

① 观察、了解幼儿游戏的情况,鼓励幼儿自主游戏,大胆想象、创造,在游戏中与同伴协商、合作、分享经验。

② 寓教育于游戏之中,培养幼儿的观察力、记忆力、想象力与创造力。

③ 培养幼儿遵守游戏规则的意识与习惯。

④ 引导幼儿学习正确的收拾、整理游戏材料的方法,培养良好的行为习惯。

问题 4 如何与家长沟通?

跟孩子在一起时,我感到很开心,也很轻松。但是,在面对家长的时候,我就不知道该说什么,该怎样和家长沟通了。那么,家园联系方式都有哪些呢?如何与家长更有效地进行沟通呢?

答《幼儿园教育指导纲要(试行)》指出:"家庭是幼儿园重要的合作伙伴。应本着尊重、平等、合作的原则,争取家长的理解、支持和主动参与,并积极支持、帮助家长提高教育能力。"大家已认识到,幼儿教育不应被简单地视作幼儿园教育,幼儿家庭教育也应是幼儿教育的重要组成部分。幼儿园要想取得预期的教育成效,就必须获得家长的支持和配合。良好的家长工作可以有效地建立家园关系,促进幼儿健康成长,同时利于幼儿园的生存和发展。

1. 家园沟通的途径

与家长沟通的常用途径有来园(离园)时沟通、家访、家长开放日、家长会、网络沟通等。

(1) 来园(离园)时沟通。入园接待时或孩子离园时,可以与家长面对面地交流,这是教师和家长沟通的最佳时机。可以交流幼儿在园一天的表现、状况,对比幼儿在家与在幼儿园是否一样;询问家长对幼儿发展的期待;详细告诉家长近阶段幼儿园的活动安排、幼儿的发展目标;聆听家长的育儿经验或困难求助等,帮助家长了解自己孩子的在园情况及幼儿园的发展方向,形成家园共育。

(2) 家访。家访是家园联系常用的一种重要方式。通过家访可以了解幼儿现有的发展水平、家庭环境、亲子关系、家长教育观点、教养态度及幼儿在家中的表现,这样可以帮助教师在幼儿入园后对其进行有针对性的教育,为家园合作打下初步基础。

(3) 家长开放日。幼儿园家长开放日活动也是家园沟通的方式之一。开放日活动可以帮助家长直观地了解幼儿园课程,更全面地了解自己的孩子、教师的教育风格等。同时,有助于家长学习正确的育儿观念及方法,更好地实现家园沟通。

(4) 家长会。家长会亦是幼儿园开展家长工作、密切家园联系的一种重要形式和途径。召开家长会有助于家长了解幼儿园的教育教学动态,了解自己孩子在幼儿园的发展和表现情况,了解现代教育理念和教育改革动向,以便取得家长对幼儿园工作的支持和配合。

(5) 网络沟通。在现代社会,网络沟通逐渐成了家园沟通的重要方式之一。现代通信技术为家园沟通提供了很多互动的媒介,包括幼儿园网站、班级论坛、微信群、APP 等。这些新型的媒介能让家长快速地得到信息或与幼儿园及班级进行深入的沟通,便于家长和教师、家长和家长之间的信息互通,探讨解答相关问题。

2. 与家长沟通的策略和技巧

教师与家长沟通也有一些基本的策略与技巧。家长本身性格迥异,具有不同的文化背景,职业也不尽相同,教育观、文化素养都不同。因此,与不同的家长进行沟通时,要讲究谈话的艺术,因人而异,采用不同的沟通方式,以达到最佳的沟通效果。首先,与家长交谈时,态度要诚恳,多听听家长的想法。其次,与家长沟通时,要始终围绕孩子,要有针对性。再次,孩子在幼儿园里的日常表现、特殊情况、不良表现等都应该及时地向家长反映。在反映负面情况的时候,应该先表扬幼儿好的方面,再说明不好的地方和需要改进的地方。最后,避免使用"你""他"这些有距离感的人称代词,多使用"我""我们""咱们"等显得亲切的代词来谈论孩子,这样可以拉近教师和家长之间的距离,达到良好的沟通效果。

教师与家长沟通的艺术在于教师与家长间建立相互信任、相互尊重、相互支持的伙伴关系与亲密感情。而这种关系与感情的建立首先取决于教师的态度与行为:对孩子的关爱、对工作的责任感、对家长的尊重和理解。当家长感受到教师喜爱并关心自己的孩子,工作尽心尽责时,会自然地产生信任感,并由衷地尊重教师,心理上的距离感便会消除,从而乐于与教师接近、沟通,家长与教师的关系会十分融洽。

小案例

巧化干戈[①]

一天下午美术活动时,孩子们正在收拾绘画用品。开开一边收拾,一边玩着记号笔,一不小心将画笔画在了同桌妞妞的脸上。这时,妞妞的奶奶正巧来接孩子,主班教师肖老师赶紧和妞妞的奶奶一起带妞妞去盥洗室清洗,却发现印迹很难一下子洗掉。尽管肖老师诚恳地道歉了,奶奶的脸上仍写满了不悦。回家后,奶奶想尽办法要把妞妞脸上的印迹洗干净,不光把肥皂、洗面奶、药皂全用遍了,还用上了消毒酒精,结果把

---

① 赵明琨. 巧化干戈[J]. 幼儿教育·教育教学,2008(09):48.

妞妞的脸洗破了,疼得妞妞大哭起来。一家人又气又急,认为都是开开的错。妞妞爸爸气冲冲地打电话给肖老师,说要找开开的家长谈谈。肖老师在电话里再次向妞妞的爸爸表达了歉意,还劝导他:孩子之间偶尔有些小摩擦很正常,由于孩子年龄小,他们往往不能很好地控制自己的动作,开开绝非故意,希望家长能够谅解。但是,妞妞爸爸坚持要和开开的家长谈谈。

第二天,肖老师根据平时对家长脾气性格的了解,与开开妈妈进行了沟通。肖老师先自我批评:"由于我们工作的疏忽,发生了这样的事情。"然后劝导开开的妈妈:"事情发展成现在这样,不能全怪开开,将心比心,妞妞也很无辜,家长生气也是可以理解的。虽然妞妞的家长也有一定的责任,但整件事情是开开引起的,现在最重要的是得到妞妞家长的谅解,希望您能和妞妞的家长好好谈谈,诚恳地道个歉,相信妞妞的家长会理解的。"

双方家长的会面很顺利,开开妈妈一个劲儿地道歉,还买了营养品给妞妞。妞妞爸爸感受到了开开妈妈真诚的态度也就不再说什么了,临走时还向肖老师道歉,说麻烦老师了。开开妈妈很感谢肖老师,表示一定会配合老师教育开开。就这样,一场干戈顺利化解。

在化解家长矛盾的过程中,肖老师运用了两种策略:一是"错开锋芒"。肖老师在分析双方家长的性格脾气后,安排开开妈妈和妞妞爸爸"对话"。怒气冲冲的"爸爸"面对语气和缓的"妈妈",火气就已经消了大半。如果两个"妈妈"或两个"爸爸"碰面后,就可能出现针锋相对的局面。二是"晓之以理,动之以情"。肖老师一方面劝导妞妞爸爸客观地看待这次事件,另一方面真诚地劝慰开开妈妈,为双方谅解打下了良好的基础。这一策略的关键是真诚,正是教师诚恳的态度感染了双方家长,才能使他们心平气和地解决争端。

附录

附录1

园校协同全程育人，打造"全学程系统设计、全流程规范管理"的实习管理机制

——以上海市×××学校学前教育专业为例

一、背景与主题

根据《国家职业教育改革实施方案》《职业院校管理水平提升行动计划(2015—2018年)》《职业学校学生实习管理规定》的要求，职业院校要规范和加强学生实习工作，应当科学组织、依法实施，遵循学生成长规律和职业能力形成规律，保护学生合法权益；应当坚持理论与实践相结合，强化校企协同育人，将职业精神养成教育贯穿学生实习全过程，促进职业技能与职业精神高度融合，服务学生全面发展，提高技术技能人才培养质量和就业创业能力，更好服务产业转型升级需要。

根据原有实习时间覆盖不全、实习地点单一、实习内容与课程结合不够紧密、实习组织缺少统筹、实习评价难以激发学生内在动力等问题，学校需立足托幼园所职业素养要求，结合专业课程内容，园校合作科学安排实习内容与实习时空，丰富实习岗位；优化实习管理制度，明确实习组织流程、管理职责、纪律要求；实施多元化评价体系。在此基础上逐步形成"科学规划、规范运行、多元化评价"的校外实习组织管理机制。

二、实施过程

（一）建立"科学规划、规范运行"的实习组织机制

幼儿园实习由多个环节组成，学校需在多年实习组织实践的基础上，逐步形成严密有序的实习流程和规范化的实习组织机制。

1. 精心遴选实习园所，设置"一级准入制"

为保证实习质量，更为保障学生的权利，学校要遴选一级以上的优质幼儿园及早教中心作为实习基地，并在充分协商的基础上，与实习单位签订实习协议，明确各自的责、权、利，保障学生的基本权利。

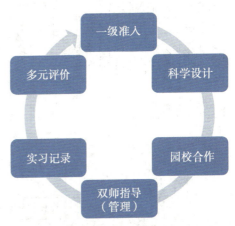

▲"科学规划、规范运行"实习组织机制图

2. 园校合作，科学设计实习体系

与幼儿园密切合作，以学前教育专业人才培养方案和课程计划为依据，结合托幼机构实际工作任务，园校合作共同确定实习目标、实习任务、实习准备、实习管理制度、实习考核标准。

3. 多元多维地进行实习培训，进阶性培养学生职业素养

为帮助学生更好地适应实习工作，不断提高学生职业素养，提升实习质量，学校要特别重视学生实习前的指导和培训。除了学前专业的实习负责老师对学生进行培训外，还可以邀请幼儿园园长、往届学生分享经验。实习培训的内容除了专业知识和技能、实习纪律外，更多的是行为习惯、人际沟通、职业素养方面的内容。这种多元多维的实习培训不仅可以提升学生实习的质量，更能潜移默化地培养学生的良好素养。

4. 全程监控实习过程，实行"双师管理与指导"

在学生实习的过程中，实行"双师管理与指导"，即从职业院校学前教育专业和实习单位分别选派经验丰富、业务素质好、责任心强、安全防范意识高的实习指导教师和专门人员全程指导，共同管理学生实习。

5. 全方位实习总结，形成实习良性循环系统

实习结束后，要在多个层面进行总结。学生撰写实习报告，带队教师撰写带队小结；幼儿园召开实习总结会；幼儿园对实习生进行实习成绩鉴定；专业部召开实习总结表彰大会；召开学前教育专业教学研讨会，面对面听取幼儿园对实习的反馈，直接、高效、真实地了解学生的实习情况，为下次实习工作的改善提供依据。

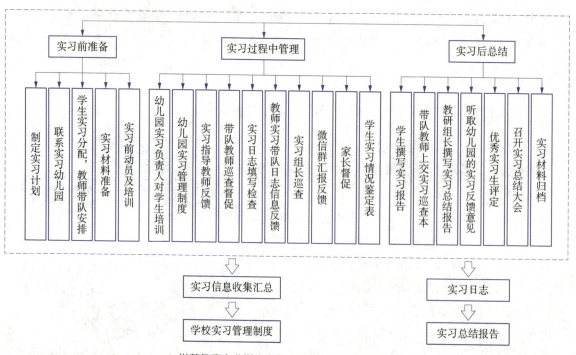

▲ 学前教育专业学生实习流程图（以1次实习为例）

(二) 打造多元多维实习评价体系,形成以鼓励为主的评优奖励

采用多元多维的实习考核评价体系,激发学生实习的积极性。多元:幼儿园实习指导教师评价、带队教师评价、同伴评价相结合。多维:既要评价学生的实习态度,又要评价学生的业务能力和纪律及合作、交往等社会能力。评优设标不设限:园校合作设立评价标准,只要达标者均可以被评为优秀实习生,不限定人数。

(三) 科学统筹实习管理,形成规范化管理机制

1. 成立并运行三级实习管理机构

实习工作牵涉教学管理、学生管理、实习工作管理等各方面的工作,因此需要进行统筹安排,精心组织与科学管理。为保证实习工作的高效、有序,学校成立了实习管理机构,并制定相关的管理制度。

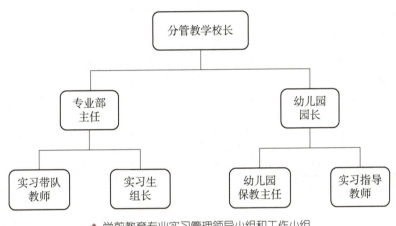

▲ 学前教育专业实习管理领导小组和工作小组

2. 明确实习工作职责分工

为确保实习目标的有效达成,促进各部门积极完成各自的职责,在建立完备的管理体制的同时,应明确各岗位关于实习工作的职责。

3. 完善学生实习管理制度

为了保证学生的实习安全,保障实习的规范、有序进行,学校制定了实习管理流程、实习管理办法、学生实习守则、学生实习纪律等管理制度。每次实习培训时,学校都会向学生明确各项制度要求,并将实习管理要求告知实习幼儿园及校内带队教师,使教师也能明确对学生的管理要求。在实行过程中,学校要严格按照实习制度的有关规定实施,同时也将实习纪律纳入学生的实习考核。

4. 强化实习安全管理

幼儿园的实习工作存在一些安全因素,如操作安全及交通安全,涉及学生自身的安全及工作对象——幼儿的安全。安全无小事,每次实习前,学校都要对学生进行安全教育,对有

可能发生危险的每个实习环节进行详尽的安全操作说明。另外,交通安全也不容忽视。每次实习时,都有自行走读实习学生和包车实习学生,学校除了向他们强调遵守交通规则及注意途中安全之外,还要对集体包车的学生进行上、下车情景的模拟安全教育,确保每个交通安全细节落到实处。此外,顶岗实习期间,学校为每个学生购买了实习保险。

附录2

学前教育专业保育实习工作流程

(1) 实习前,学校组织学生按规定进行体检,对于体检不合格的学生,暂停实习。

(2) 实习前,学校要与幼儿园协商确定实习的时间、地点及实习生人数,并商讨实习的内容及组织等具体事宜。

(3) 根据实习大纲制定实习计划,按就近原则进行实习分配。

(4) 组织学生进行实习前培训,包括保教理念、实习知识点和操作技能、工作规范、职业道德、社交礼仪、实习纪律、实习管理制度等。

(5) 向家长通报实习事宜,使家长明确实习要求,支持并配合学校的学生实习管理工作。

(6) 召开实习带队教师及实习组长会议,明确实习任务及要求,统一认识。

(7) 实习过程中,带队教师每天到各幼儿园进行巡视,了解实习情况,听取各方面的意见及建议,及时解决实习中存在的问题,并做好带队记录;学生每天写好《记录本》中的"实习记录",实习结束时写好"实习报告"。

(8) 实习结束时,幼儿园为实习生召开实习总结会,对学生的实习情况进行点评,同时幼儿园指导教师对实习学生进行实习成绩鉴定,评出优秀实习生。实习带队教师及实习生进行反思和总结(实习生书写"实习体会报告"),专业负责人主动听取各幼儿园的意见和建议,并及时召开实习总结表彰大会,对学生的实习情况进行点评,表扬先进,指出存在的问题(可邀请幼儿园有关负责人来校点评)。

(9) 专业负责人结合实习情况,组织召开学前教育专业教学研讨会,商讨今后实习及教育教学方面的改进方案,并及时落实。

附录3

学前教育专业保育实习职责分工

一、专业部主任的实习管理职责

(1) 负责开展校外保育实习的联系、组织和工作安排,加强与幼儿园的沟通,巩固和拓展实习基地。

(2) 定期调研保育实习的运行状况,及时解决合作中的困难和问题,总结推介好的做法和经验。

(3) 对实习学生进行实习前动员,做好实习学生的思想教育工作。

(4) 协调、指导、检查保育实习的组织工作。

(5) 研究、指导保育实习的基地建设。

(6) 组织实习总结表彰会和经验交流会。

(7) 对实习带队教师进行指导与考核。

(8) 根据实习反馈情况,组织召开学前教育专业教学研讨会,商讨今后实习及教育教学方面的改进方案,并及时落实。

二、专业部教学助理的实习管理职责

(1) 协助主任做好实习管理工作,并指导、协调有关人员做好相关专项工作。

(2) 负责《记录本》的归档管理。

(3) 根据实习大纲拟定学校保育实习工作计划。

(4) 负责安排保育实习工作。

(5) 负责学生实习前培训工作的相关事务。

(6) 组织召开实习带队教师、实习组长会议,明确各岗位职责。

(7) 对实习工作开展情况进行检查,定期汇报保育实习的开展情况,及时解决保育实习中的困难和问题。

(8) 负责保育实习工作开展情况信息的收集、整理、统计、分析和总结。

(9) 做好实习表彰总结会的相关事务工作。

三、教研组长的实习管理职责

(1) 负责落实保育实习计划,撰写保育实习工作总结报告。

(2) 负责保育实习前学生的培训工作,包括组织学生学习学校关于实习期间管理的有关规定,让学生知道本次实习的计划和纪律;辅导学生填写实习记录、实习报告等相关书面材料,以使其明确实习的目标、任务和要求,以及安全等方面的注意事项;根据需要指定实习小组组长人选。

(3) 负责实习《记录本》等相关资料的收发。

(4) 实习前,对学生进行认真细致的动员。

四、实习带队教师的工作职责

(1) 深入了解实习单位情况,熟悉实习内容。

(2) 主动与实习单位联系,安排好学生的进驻事宜。

(3) 组织学生安全抵达实习单位,做好与实习单位各方面的协调工作。

(4) 每天巡视实习幼儿园,了解实习学生的出勤、实习态度、实践操作、人际交往、实习日志填写等方面的情况,及时指出存在的问题,并做好实习带队记录。

(5) 教育学生严格遵守实习单位及学校的各项规章制度,全面关心学生的思想、学习和生活,及时表扬好人好事,批评违纪现象,对情节严重的要及时向部门汇报,给予处理。

(6) 与实习幼儿园密切配合,及时处理好实习过程中的各类突发事件,并做好问题情况、处理结果的记录,严格执行重大问题及时汇报制度和重大失误责任追究制度。如出现重大的不能妥善处理的问题,应及时、准确地向有关领导汇报,需要时与家长取得联系。

(7) 实习结束后,听取实习单位对实习工作的意见,做好学生实习考核和带队总结工作,将相关材料归档。

五、实习幼儿园的实习管理职责

(1) 根据学前教育专业发展的实际需要及职业院校学生的特点与学校共同制定实习大纲与实习计划并组织落实。

(2) 在不影响幼儿园正常工作的情况下,根据学校提供的实习计划要求,为保育实习学生提供实习条件,委派专人负责实习管理,同时指定具有中级以上职业资格证书的保育人员对学生进行实习指导,帮助实习学生顺利完成实习任务,并负责对学生的实习情况进行考评。

(3) 对实习学生进行必要的安全、工作规范、工作制度以及遵纪守法、职业道德等方面的教育,对违反有关规章制度的学生进行教育并通报实习带队教师。

(4) 根据本园的实际情况,为学生提供实习必需具备的条件,在实习的辅助环节上(如就餐等)尽量提供方便,以提升学生的实习效果。

六、实习幼儿园实习负责老师的工作职责

(1) 提前为实习生分班,确定指导教师,并对指导教师进行培训辅导。

(2) 在学生进入实习班级前,向学生介绍幼儿园概况和指导教师,并组织学生学习幼儿园的规章制度和实习安全操作规程,对学生进行安全教育,强调注意事项。

(3) 根据实习需要开办专题讲座。

(4) 根据实习计划,利用中午时间组织学生学习幼儿园的卫生保健及安全管理制度,特殊儿的护理以及常见病、传染病管理等相关知识技能。

(5) 安排好学生的饮食。

(6) 检查督促学生的实习活动,发现问题及时指导纠正。

(7) 在实习结束后召开实习总结会,评析实习生的实习情况,辅导指导教师进行实习成绩鉴定,书写实习评语。

(8) 进行实习指导小结,反馈实习生的表现,评出优秀实习生。

(9) 与实习生带队教师或负责教师保持沟通,及时反映实习情况,如发现实习学生存在问题应及时向学校实习负责人或带队教师反映。

七、实习幼儿园实习指导教师的工作职责

(1) 学习实习计划,明确本次实习指导任务并落实实习计划。

(2) 每天实习开始前,认真检查实习生的仪容仪表和防护措施是否符合实习要求。对不符合要求的实习生进行教育并帮助其纠正。

(3) 以身作则、言传身教,认真按照规范要求开展保育工作,为学生树立榜样。

(4) 随时对学生的保育实习活动进行具体指导,指出并纠正其存在的问题。

(5) 与带队教师经常保持联系,及时与其交流学生的实习情况。

(6) 与带队教师一起,根据学生实习的具体表现评定实习成绩,填写实习鉴定表。

(7) 及时收集、整理学生在实习中的优秀表现事例。

主要参考文献

[1] 董旭花.学前教育专业实训教育指导[M].北京:科学出版社,2009.

[2] 王长倩,王华军.幼儿园保教实习指导[M].南京:江苏教育出版社,2013.

[3] 步社民.幼儿园教育实习指导[M].北京:高等教育出版社,2010.

[4] 步社民.给幼教实习生的101条建议[M].南京:南京师范大学出版社,2007.

[5] 王长倩.幼儿园保教实习指导(第三版)[M].上海:复旦大学出版社,2018.

[6] 王小鹤.学前教育专业教育实习手册[M].郑州:郑州大学出版社,2018.

[7] 周跃良,杨光伟.教育实习手册[M].北京:高等教育出版社,2011.

[8] 陈怡莺.幼师口语沟通技巧[M].北京:高等教育出版社,2009.

[9] 上海市中小学(幼儿园)课程教材改革委员会办公室.幼儿园教师成长手册[M].上海:华东师范大学出版社,2009.

[10] 吴丹.幼儿园家长工作指导[M].上海:华东师范大学出版社,2016.